模式家——企业不可或缺之栋梁

商业模式是企业快速成长的基因

战略是长远的商业模式，模式是当前的企业战略

模式家

VPMsaid 模式环集合理论

周利生 宋长青 ○著

中国商业出版社

图书在版编目（CIP）数据

模式家：VPMsaid 模式环集合理论 / 周利生，宋长青著． -- 北京：中国商业出版社，2019.5
 ISBN 978-7-5208-0765-4

Ⅰ．①模… Ⅱ．①周… ②宋… Ⅲ．①商业模式—研究 Ⅳ．①F71

中国版本图书馆 CIP 数据核字（2019）第 089294 号

责任编辑：孙锦萍

中国商业出版社出版发行
010-63180647 www.c-cbook.com
（100053 北京广安门内报国寺1号）
新华书店经销
北京楠萍印刷有限公司印刷
*
710毫米×1000毫米　16开　17.5印张　215千字
2019年5月第1版　2019年5月第1次印刷
定价：88.00元
****
（如有印装质量问题可更换）

序一：依赖模式家与模式环创新思维打造模式力

欣闻利生又一新作完成，深深为他感到高兴。利生在多年工作过程中，不断地总结和汲取新事物给予的营养，保持着敏锐的洞察力，始终以创新的思维，对商业模式进行思考、整理，形成了个人具有体系性的创作，模式家集合理论成为一家之言，为现代企业商业模式的运作提供了具有创新性的思维模式。

利生本人经历丰富，先后在军队医院、国际知名医药公司、医药咨询公司、国内领先医药流通企业任职，结合个人的工作实践，可以说，其作为企业家、战略家和模式家，以理论结合实践，将其研究成果为商界人士、企业推出了一本里程碑式的著作。

模式是企业经营的最好境界，没有模式就算有再多资源也做不了事儿；有了模式就算没有资源，也能获得资源，达到成功的境界。《模式家》一书，从商业模式出发，论述了模式是当前的战略，战略是未来的模式，精辟地说出了企业成功的本质，战略与模式是根本，是主导，其他都围绕战略与模式组合和派生出来。在供大于求的时代，在同质化竞争的时代，只有模式创新才可立于不败之地。因此，也成为企业成功的首要考量要素。

商业模式是一切模式的根本,包括发展模式、组织模式、营销模式等,商业模式是否清晰,商业模式在结构上是否完善,商业模式还缺失什么资源,需要配置、弥补、寻找什么要素,通过商业模式整体框架分析,一目了然。从这个意义上讲,模式不是空泛的理论,而是成功之路,模式化可以放大和复制。

本书通过将商业模式体系理论化,再结合实际进行验证,在 VPMsaid 7 个纬度上建立起关联性,把商界成功用直观的公式和数据表现出来,是作者创新中的实践。以前是靠机会创业、靠资本创业,现在和未来则是靠模式创业。

行业有界限,模式没有界限,没有上限。商业模式适合各行各业、各个阶段、各种体制,超出了极限,达到了一个境界新高度。模式不仅适合大企业再创业,更是小企业成长为大企业的法宝,也是长盛不衰、基业长青的法宝。

未来企业竞争,将在汇聚市场诸多要素资源的基础上,进行商业模式构建,在思考和实践基础上,形成适合企业自身发展的商业模式,参与市场竞争。模式是壁垒,也是差异化,是领先之道,决胜之道。得模式者得天下,模式家引领风骚赢未来。

相信《模式家》在未来能够帮助更多的企业与创业人士!

段继东

北京时代方略企业管理咨询有限公司董事长

中国医药企业管理协会副会长

清华大学、北京大学特聘教授

序二：企业应当拥有自己的模式家

商业管理方面的书可谓汗牛充栋，商业模式方面的就不多了，具体到系统化阐述"模式家"的，目前还没有。

幸运的是，周利生、宋长青两位即将出版的《模式家》一书，将填补这一空白。

战略、战术、模式之于企业，无疑都非常重要。企业家定战略、经营者定战术，这已经成为企业界的共识。

但谁来定模式？还没有明确的答案。

很显然，最专业、最专注、最重要的角色，应当是呼之欲出的模式家。富有远见的企业，应当培育自己的模式家。

周利生先生，正是一位博学通商的模式家。长期在世界500强企业任职，他和宋长青先生结合多年的商业模式研究实践，观察思考了300多家企业的模式案例，创新性地提出了VPMsaid模式环集合理论，并对模式家的角色定位、操盘要领等作了系统化的通俗阐述，不但有助于企业商业模式设计优化，而且有助于模式家的职业成长和价值释放。

这是一本独具创新视角的书，它将给企业家、高管、潜在的"模式家"带来耳目一新的认知。

这是一本基于理论、得于实践、不断升华的书，作者的认知、观察与实践，都将给读者带来新的收获。

这是一本首次体系化阐述模式家的书，模式家将以极其重要的定位登上企业界的舞台，其闪亮的职业人生，将从这里起步。

我们愿意共同策划出版这本图书，旨在向企业界读者传递作者针对模式家的深度观察与思考，赋能企业更好、更快、更稳的发展。

作为一家企业主，你应当拥有自己的模式家。

韦绍锋

赛柏蓝企业管理有限公司总裁

序三：打造模式，提升价值

遵周老师嘱，为《模式家》草序。

和国药控股合作多年，见证了中国医药行业的发展和医药分销龙头的崛起，也亲身感受到了国药控股团队开拓进取的精神。

国药控股战略部的周利生老师和宋长青老师是我们的良师益友。他们勤于思考，善于总结，更勇于实践。昨晚秉烛夜读了他们的新作《模式家》，其首创的模式框架融汇了作者多年来对行业前沿的观察和对商业模式的战略思考。书中总结的案例横跨多个行业，纵论近百模式，视野开阔，旁征博引，令人叹服。

模式精彩纷呈，各有巧妙不同。书中总结的诸多模式相信能给读者带来不一样的启发。他山之石，可以攻玉，如果读者能结合各自行业的特点和企业的实践，从不同的视角来观照这些模式，更会激发出不一样的思考。

同时应该看到的是，模式提炼的是共性和规律。《说文》对其的定义是：模，法也。以木曰模，以金曰镕，以土曰型，以竹曰笵，皆法也。作者系统总结的框架和工具可以帮助我们总结成功模式的规律、要素和方法论，为实践提供参考和指导。

兵无常势，水无常形。模式可以参考，但不应该成为束缚，而需要因地制宜，因势利导，与时俱进。亚马逊刚刚起步的时候，创始人 Jeff Bezos 还是个书生气十足的青年，多次明确表示其模式就是网上书店，因为只有书籍最适合电商特点。20 年后，亚马逊已经成为全球最大的网上零售、数字传媒和大数据服务公司，书籍销售的收入占比不到其收入的 5%，而新的业务和新的模式帮助其把握住了互联网大数据时代更大的市场和机会。

模式创新是手段，创造价值才是目的。本书作者明确提出，VPMsaid 框架的核心是大写的 V，即价值所在，这对于我们是深有共鸣的。反观亚马逊业务多元，模式多样，但紧紧把握的核心是这些模式给客户带来的价值，使客户获得更多的便利、更智能的服务和更好的体验，这正是其成功的关键。近年也有不少在模式创新的旗号下异军突起的企业，动辄打造生态，言必颠覆模式，高歌猛进的同时他们忽略的是对客户和社会的真正价值，为了创新而创新，为了增长而增长，这样的模式创新实是舍本逐末，结果难免是一地鸡毛。

沉舟侧畔千帆过，病树前头万木春。今日听君歌一曲，暂凭杯酒长精神。周老师、宋老师先以赐书，后布雅命，却之不恭，忝为序。

刘宇刚

复旦光华有限公司董事长

前　言

中国社会正处于以"智力经济、智能互联、智慧健康"为特征的"三智时代",技术的迭代越来越快,客户的要求越来越高,竞争的颠覆不期而至。BATJ(百度、阿里、腾讯、京东)们犹如巨大的雪球,裹挟着各行各业,不仅使具有传统优势的中小企业濒临绝境,而且众多新兴创业公司也在快速倒闭。有一个问题久久萦绕在我的脑海,就是"企业究竟凭什么生存、靠什么发展、怎样才能赢得竞争取得成功"?这个问题也同样使众多企业家与同仁苦苦探觅良方而不得。

经历30多年的职业生涯,尤其是在市场营销、教育咨询、品牌与战略管理的丰富实践中,我们的答案越来越清晰,企业生存发展与成功的根本,就是"商业模式",模式领先才能胜出!我们发现,人类发展的第四次浪潮——"新商业模式浪潮"正滚滚而来,企业的商业模式需要重新审视与完善,专业的设计与统筹运作必不可少,能够担此重任的企业英才,我们谓之"模式家",模式家是商业浪潮的弄潮儿,已经成为引领时代发展的主角!

企业搞不好,销量上不去、利润出不来,大家都会把责任推给战略——

"因为企业没有好的战略",而战略部门则很轻易地就会把皮球踢回去,认为——是"战略执行不到位"。问题到底出在哪儿呢?其实大部分是"问题出在商业模式"!商业模式不成型、不成熟,企业缺乏模式力。

战略取势,模式开道!商业模式是企业当前的战略,战略是企业长远的商业模式。商业模式是企业快速成长的基因,优秀的模式为战略目标开辟高速通道。

模式家是企业必需的管理人才,需要高超的战略眼光和丰富的战术实践,商业模式是介于企业战略与业务战术之间的策略领域。市场上介绍企业战略与市场营销的书不胜枚举,而系统研究及完整介绍商业模式的书籍则相对甚少,现有的商业模式书籍大多仅仅介绍或分析一些商业模式创新案例,仅有部分创意与招式,缺乏对商业模式架构整体设计与实际运作的全面指导。

通过对300多家企业与上千个案例的研究,我们发现,每个企业似乎都在实践商业模式,有些是自觉的,有些是不自觉的;有些是主动的,有些是被动的;有些是专门设计的,有些是稀里糊涂;有些是整体统一的,有些是支离破碎的。有的产品好,但利润差;有的客户关系好,但缺少新品种,发展无后劲;有的有战略,但缺乏路径设计,还是难以落地;有的模式很多,应变也快,却没有一个成熟的模式可以支撑企业的长期生存。

纵观人类商业文明发展史,自从有了商品,就产生了商业模式。可以说,有多少种商品,就存在多少种商业模式;有多少人口,就会有多少种需求,就可能产生多少种商业模式。企业本身的模式也在不断的变化之中,当前全球究竟有多少种商业模式?这无疑是一个巨大的天文数字,没有人能够穷尽。

本书提出了"VPMsaid模式环集合理论":成功商业模式是VPMsaid

7个方面各基本范式的艺术集合，各范式配套互动并不断循环与推进，形成动态与竞争的模式闭环及其竞争优势。商业模式的创新结构——VPMsaid集合，作为本书的理论框架与应用模块，从中可以演化出5040种商业模式。

本书取名《模式家》，旨在帮助人们认识模式家的重要作用、商业模式本质和商业模式框架结构，助力模式家个人成长、企业模式实践与创新，并推动社会商业文明进步。笔者把从事商业模式设计与商业模式运作的专门人才，称作"模式家"，并建立了模式家价值模型，提出了模式家素质能力要求。

本书根据VPMsaid框架，共总结出具有代表性的84个商业模式之基本范式，作为模式家素质最为基本的模式储备。作者对每个范式做了准确描述，同时提供了这些先进范式的实际案例，并汇集在简单的一张表格中，让人们对商业模式一目了然。

本书抓住商业模式的基本要素，提出了新时代商业模式的20个演进趋势和32个创新视角，剖析了企业失败的七大根源，并根据模式家的特质要求和VPMsaid模式架构，给出了商业模式设计与运作方面的应用指引。

本书基本观点

1. 打开模式说亮话，模式家是企业不可或缺之栋梁！模式家是企业商业模式的设计师，需要集战略管理者、品牌师、创客与操盘手于一体，是企业成功的关键人物，而不是空想家与评论员，更不是滥竽充数的大忽悠。

2. 商业模式是企业快速成长的基因，优秀的模式为战略目标开辟高速通道。商业模式的宗旨是实现企业价值，并为客户、员工、股东、社会提供价值。商业模式需要遵循企业战略，更需要顶天立地——支撑战略、扎根市场。

3. 模式家的成功，不仅仅是模式设计的完美，更体现于市场竞争中的超越！而商业模式的运作过程，就是整合各方资源，创造企业价值，赢取客户价值的过程。

本书特点：坚持通俗易懂、实例印证、图文并述、杜绝空话的原则，期冀能够在商业实践中，给予读者实在的帮助。

适宜读者：企业家、企业管理者、创业者、商务人士等。

愿以此书抛砖引玉，恳请各位模式大家不吝赐教！

愿以此书作为路砖，可以助益有需要的企业与读者！

愿大家真正的富有——拥有"富中之富"：

在追求物质财富的同时，追求精神财富；在拥有物质财富之后，更向往拥有精神之富！

目 录

第一章 商业模式与模式家 | 001
第一节 呼啸向前的时代列车 | 003
第二节 无智不立的"三智"时代 | 007
第三节 不期而至的模式危机 | 010
第四节 商业模式价值之重 | 014
第五节 企业呼唤模式家 | 018
第六节 商业模式演进趋势 | 021

第二章 商业模式基本范式 | 025
第一节 商业模式分类概述 | 027
第二节 企业价值方面的基本商业范式 | 031
第三节 输出渠道方面的基本商业范式 | 045
第四节 市场营销方面的基本商业范式 | 056
第五节 客户服务方面的基本商业范式 | 066
第六节 公司管理方面的基本商业范式 | 078

第七节　利益收入方面的基本商业范式　　|091
　　第八节　持续发展方面的基本商业范式　　|101

第三章　模式家实践指南　　|123
　　第一节　人的商业本质及相互关系　　|125
　　第二节　商业模式全新理念　　|128
　　第三节　VPMsaid 集合理论　　|136
　　第四节　商业模式设计框架　　|142
　　第五节　模式家操盘要领　　|155

第四章　VPMsaid 实用指导　　|207
　　第一节　商业模式失败根源　　|209
　　第二节　VPMsaid 应用示范　　|230
　　第三节　新竞争环境下的创新与竞争之道　　|240
　　第四节　其他商业模式理论智慧参考　　|244
　　第五节　模式家的信仰与追求　　|251

主要参考文献　　|255
后　记　　|257

第一章　商业模式与模式家

　　2017年，将注定是人类科技史上"走向未来"新纪元的元年！

　　2018年，中美"贸易战"引发世界经济版图重构，全球新经济规则正在惨烈角力！

　　未来，留给企业的将是什么，机遇或挑战、运气还是陷阱？

　　企业应该怎么办？

　　请"模式家"来说吧！

　　对于商业模式，从商人士多能说出几条。而关于模式家，市面上则尚无研究，在百度、搜狗上亦无定义，本书就从这里开挖！

第一节　呼啸向前的时代列车

当前，新技术、新应用不断颠覆旧思维与旧传统，人类发展的第四次浪潮——新商业模式浪潮正迎面扑来，而美国新的贸易保护主义以及对中国科技发展的战略遏制正在兴起，时代在发展，并且正在以一种指数方式快速发展。多重因素叠加，既会产生无限商机，也会带来竞争危机。试问：这些因素会影响到企业吗？这些因素又会怎样影响企业？我们的企业有机会吗？我们的竞争者会超过我们吗？我们的企业有商业模式吗？我们的商业模式需要重新设计吗？谁来设计企业的商业模式？商业模式当如何设计？商业模式当如何运作？商业模式又当如何发展？

这个时代正在以前所未有的方式与速度前行，我们准备好了吗？

一、人与科技的博弈

2017 年，人类诞生了"火星移民"计划。

"火星移民"计划是我们这个时代最高瞻远瞩的梦想，地球人真的可以成为外星人吗？埃隆·马斯克（Elon Musk），是当代最可爱的明星企业家与"技术狂人"，除了电动汽车公司 Tesla，太阳能公司 Solar City 以外，他还拥有太空商业公司 SpaceX，要带领人类实现 100 万人移民火星，并且从此开始多星球居住。

美国航空航天局（NASA）的喷气推进实验室，公布了其全新一代火星车——"火星2020"（Mars 2020）的最新细节图，该探测车是一台拥有23只"眼睛"的"怪物"，共装配23个相机，将创造全景观测火星的壮举。"火星2020"计划将于2020年7月或8月发射，2021年2月在火星着陆。同时，"火星2020"还将寻找其过去存在的微生物的痕迹，探测火星未来是否适合人类居住。

2017年起，人工智能石破天惊，在某些领域，AI不再需要人类知识。

据网络报道，2017年8月，九寨沟地震发生18分钟后，中国地震台网的机器，写了篇新闻稿，用词准确，行文流畅，且地形天气面面俱到，写作用时仅仅25秒，人类完败。

阿尔法围棋（AlphaGo）是第一个击败人类职业围棋选手、第一个战胜围棋世界冠军的人工智能程序，由谷歌（Google）旗下DeepMind公司的戴密斯·哈萨比斯领衔的团队开发，其主要工作原理是"深度学习"。2016年3月，阿尔法围棋与围棋世界冠军、职业九段棋手李世石进行围棋人机大战，以4比1的总比分获胜；2016年末2017年初，该程序在中国棋类网站上以"大师"（Master）为注册账号与中日韩数十位围棋高手进行快棋对决，连续60局无一败绩；2017年5月，在中国乌镇围棋峰会上，它与排名世界第一的世界围棋冠军柯洁对战，以3比0的总比分获胜。至此，围棋界公认阿尔法围棋的棋力已经超过人类职业围棋顶尖水平（网络讯息）。

正当人们对AlphaGo的高超棋艺惊叹不绝之余，AlphaGo Zero又从空白状态起步，在不需要任何人类输入的条件下，迅速自学围棋，仅用40天便成为世界最强围棋AI。

2017年，人类遭遇了来自非人类公民第一人——索菲娅的挑战。

当沙特阿拉伯授予美国汉森机器人公司生产的"女性"机器人索菲娅公民身份后，作为史上首个获得公民身份的机器人索菲娅诞生了，它创造了历史。索菲娅的学习发展和完善速度非常快，可瞬间完成学习。它可能会拥有超级记忆、智能计算的能力。它的创造者大卫·汉森说："它的目标就是像任何人类那样，拥有同样的意识、创造性和其他能力。"很多人担心，这种能力如果被误用和滥用，就会很危险。具备人类意识的机器人会对人类产生毁灭性威胁，霍金、比尔·盖茨等很多名人也发出过AI可能对人类产生威胁的警告。AI机器人的崛起对人类生存是否会造成威胁，甚至毁灭人类？"我会毁灭人类"，索菲娅的这个表白，尽管是对人工智能和他的创造者的调侃，还是引发了人们的遐想与警醒。

二、人群与人群的竞争

正当笔者以为抓住了时代发展的脉搏——科技推动发展的时候，新的控制力量出现了，就是"强势政府的干涉力量"，中美两国政府为了本国利益强势干涉全球布局。

2018年，全球两个最大经济体，美国对中国展开了"贸易战"，也对欧盟、日本、英国等开展了贸易"攻势"，"美国第一""让美国再次伟大"的口号与目标成为全球恐慌的来源，传统WTO全球贸易体系正在瓦解。美欧日零关税体系、中国"一带一路"倡议、区域多极化联盟等，给全球经济环境和企业发展生态带来难以预估的挑战与不确定性。

中美贸易战实质上已超出经济竞争范畴，进入战略格局竞争阶段，或全面影响我国政治、经济、外交政策，并对现有全球政治经济格局带来重大影响与改变，必然会制约中国经济结构的转型升级、全球合作与科技发展进程。

国家以自身利益为第一，人群以集团利益为首选，人人以个人利益为出发点，在这样的社会文明与国际竞争格局下，企业应该以怎样的姿态与智慧竞争与发展呢？

第二节　无智不立的"三智"时代

当前,国际政治与新科技力量正在推动时代快速变化,重构全球经济版图,下面我们需要了解中国经济与社会的三个基本特征:中国已经进入以"智能互联、智慧健康、智力经济"为特征的"三智"新时代。

一、以科技创新为基础的"智能互联"技术特征

地球是圆的,世界　是平的,宇宙是无限的。

牛津学者提出:10年之内,AI将变得足够聪明,并消灭40%以上的职业。未来学家Kurzweil认为,当我们用1000美元购买的电脑产品,能达到人脑的计算速度时,人工智能时代将全面到来。1985年时,1000美元能买到的电脑是人脑计算速度的万亿分之一,1995年变成了十亿分之一,2005年是百万分之一,而2015年已经是千分之一了。按此速度,2025年,个人电脑便可和人脑运算速度匹敌。持类似观点的还有软银的孙正义,他认为,人脑中有300亿个神经元,当芯片的晶体管数量超过300亿个时,新时代即将到来。

当前,新技术也在不断出现,如新能源车、区块链技术、电子识别技术、5G技术等。中国出现了众多的"共享模式"与"无人模式",包括共享单车、信息共享、数据共享、共享平台、无人餐厅、无人超市、无卡取款、无人

驾驶等，这些模式无不立足于互联网信息技术（IT）、大数据应用技术（DT）与人工智能技术（AI）的发展。尤其是 5G 技术，将引领新的革命性发展，在 5G 时代万物互联趋势下，"5G+北斗"将颠覆更替并不陈旧的"新技术"！

如果说信息之间联通是互联网的贡献，人与人的联通是移动互联网的贡献，物与物的联通是物联网的贡献，那么"信息—人—物"三者的联通，则要仰仗智联网的发展，更将颠覆传统商业模式，重构人类生态。

二、以健康中国战略引领的"智慧健康"社会特征

一方面，约 14 亿人口的中国，已经逐渐进入老龄化社会。截至 2014 年，60 岁以上老年人口达到 2.1 亿，占总人口的比例达 15.5%，2.1 亿的人里有将近 4000 万人是失能、半失能的老人。据有关部门预测，到 2035 年老年人口将达到 4 亿，失能、半失能的老人数量会进一步增多，健康养老成为基本刚需。另一方面，到 2020 年，中国将全面建成小康社会，人民生活水平不断提高，对美好生活的需求也越来越高，保持心理健康、治未病已成为全社会共识。智慧医疗、网络医院、移动医疗、远程医疗、疾病监测、养老照护、慢性病管理、家庭医生、心理医生、零售诊疗、保健品、康复健身器材等各种大健康产品与服务模式层出不穷。

大健康是非常好的产业，医疗是制高点，也是民生工程，所以政府不可能放手；药品是抓手，所以政府会紧抓不放；医保是关键，所以政府设立新的国家医保局，统揽支付大权，并通过集中采购严格控制医保费用。到 2020 年，大健康产业估计有 8 万亿元规模，2025 年将达到 20 万亿元。

三、以平台生态服务模式为核心的"智力经济"商业特征

知识爆炸、信息冗余，知识只有转化为能力与行动才能发挥作用。从"制造"到"智造"，从"博胆—博傻—博知"到"博智"，从"资本家"到"知

本家"再到"智本家",从产品价值最大化,到企业价值最大化,步步标志着智力经济时代的来临。创新与发明、管理与咨询、全产业链与供应链服务、产融结合、平台与生态圈等服务模式,正成为智力经济的商业特征。

第三节　不期而至的模式危机

阿里商业模式的出现，取消了商户入驻淘宝网的门槛。中央政府让其合法化，并认为有很大实质性意义，让那些创收的人，不会觉得自己通过淘宝平台进行交易是绕着政策的弯走，不仅允许在淘宝平台做生意，而且还有法律保障。这些来自政府层面的对阿里的支持，与其说是马云对阿里解决就业及消费提倡的结果，不如说是阿里互联网商业模式的成功。

在大众创新万众创业的新环境中，新的商业模式令人目不暇接，如比特币的流行、支付宝的红包等，尤其是"互联网+"的模式冲击，"做什么不是做什么的"：阿里电商——做生态的；"卖什么不是卖什么的"：微信平台——卖流量的；"赚什么不是赚什么的"：支付宝——赚资金沉淀、赚大数据的；"羊毛出在狗身上，猪买单"——第三方付费，等等，这些新模式成就了一大批企业，引导人们追求走捷径赚快钱，也引发了诸多企业的模式危机。

一、道德模式危机

马云曾感叹"拿着望远镜都找不到竞争对手"！新浪科技讯：2017年11月11日下午消息，阿里健康披露的数据显示，双"11"开场7小时05分，天猫医药电商板块整体销售额超越上年双"11"全天。双"11"开场，3分钟天猫医药成交就突破亿元；6分钟，天猫医药成交破3亿，同比上年增长361%。阿里创办的双"11"，又铸造了历史新辉煌。

但是，当阿里宣告推出"无人超市"的时候，请听听街头大妈怎么说：那啥？超市都没人啦，那还不关门干嘛？那应该叫无员工超市啊！超市不需要养员工了，那东西是不是更便宜啦？我们老百姓最关心的是什么？有没有假货，是不是更便宜啦！超市里有没有员工，关我啥事？改变啥哟？买东西不花钱啦？刷刷支付宝那也是花钱呐！哟，弄个没有员工的超市就是时代潮流啦？每天都弄些专门裁减底层员工的玩意算啥本事？有本事弄个没有老板的超市啊！要不弄个没有公务员的政府啊？马云改变了我们的生活，但我们要的不仅仅是改变，而是带来幸福的改变。现在很多改变不仅没有增添我们的幸福，还增添了许多烦恼！

道德危机中，企业需要考量社会责任与伦理文化，尤其是未来机器人是否会反人类，甚至毁灭人类，很多科学家都在担心，这是非常重要的问题。

二、文化模式危机

优秀企业也会出现危机。当华为誉满全球，在"研究经费、研发人员数量和构成、发明专利与授权、营收数量和收入构成、在全球发达国家的研发中心数量和雇工数量、营收和纳税"这6个指标全面超越BAT总和的时候，请看看华为员工怎么说：华为员工离职感言"白天吵架晚上加班"。

三、控制模式危机

万科之争，这是一场三方逐鹿万科控制权的战争，宝能左右了华润和万科管理层相争的天平，连番动作又将自己置于质疑声中。王石获得了多方声援，赢了情怀却输掉了规则。华润欲掌控全局，肩负国资不能流失的重任，却深陷央企独大的风暴中。最终华润退出，深地铁接盘，王石退位，宝能止于"财务投资者"。姚振华总结批评下属：功课没有做好。

四、共享模式危机

滴滴打车打垮了传统出租车、共享单车，拦截了短程交通，共享之下，这个世界沉浸在模式之争当中。在风口上，猪也能飞起来！是非曲直谁主沉浮？

五、众包模式危机

从不同角度看问题，会得到不同的答案。众包对生产者自己来说是节约成本、集思广益；而对提供者来说，则是企业对创新者的压榨与剥削。

六、垄断模式危机

马云说"宇宙与未来有无数的大数据，与无限的大数据相比，阿里占有数据是很少的，我们不是垄断"，但对于相关企业来说，电子监管码确实垄断了药品监管领域的数据。淘宝上的商业机构、商业数据被无偿占用，数据的享用不公平。如："猫牛（天猫—蒙牛）"合作，开发了新的甜奶，就是对其他平台商业企业的一种资源的无偿剥夺。

以上企业，均可谓中国顶级企业，在经营业绩上堪称优秀，在发展方向和商业模式上则难言无懈可击，有些则危机四伏，充满挑战。

七、发展模式危机

2017年12月25日晚，北京证监局发布通告，责令乐视网前任董事长贾跃亭于2017年12月31日前回国，切实履行公司实际控制人应尽义务，配合解决公司问题，稳妥处理公司风险，切实保护投资者合法权益。通告称，近期，上市公司乐视网及乐视系相关公司经营困难，贾跃亭作为乐视网实际控制人及前任董事长，在公司急需资金时未履行对上市公司提供无息借款承诺，北京证监局已对贾跃亭违反承诺的行为出具《关于贾跃亭采取责令改正行政监管措施的决定》，截至目前贾跃亭仍未履行承诺且未向北京证监局报送整改报告。

八、跨界颠覆危机

很多传统企业，在互联网大潮下不堪一击，坠入挣扎的深渊。

传统零售遭遇电子商务的袭击，连年出现关闭潮。2017年又是关店上万家的节奏，大洗牌正在上演。沃尔玛：三个月连关11店，"5公里死亡圈"理论破灭；乐天玛特：停业门店达87家；易买得：韩国最大零售集团新世界集团旗下的大型折扣超市易买得（E-Mart）计划未来几个月内关闭在中国现有的6家门店，结束20年的"入华之旅"，全面撤出中国。

互联网对渠道的冲击突破常人的想象，"FCSL"——工厂直达客户及"C2F"——反向定制理念深入人心。例如：在行业政策两票制下，医药流通渠道扁平化，传统医药渠道商分销业务逐步消亡，将纷纷转型为平台服务商，物流专业服务成为第三方业务（见图1-1）。

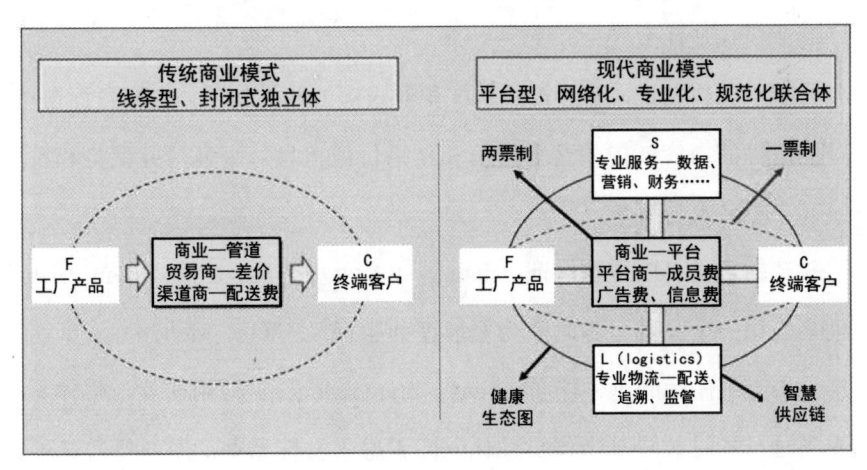

图1-1 现代商业渠道扁平化趋势

朋友！请想一想：您的企业或您所服务的企业有危机吗？是商业模式的危机吗？

第四节　商业模式价值之重

诺亚方舟在大洪水来临之际拯救了人类！商业模式犹如企业的诺亚方舟，能够在复杂的竞争环境中，使企业稳定运行、破浪前行。

企业搞不好，销量上不去、利润上不去，大家都会把责任推给战略——"因为企业没有好的战略"，而战略部门则很轻易地就会把皮球踢回去，认为——"战略执行不到位"，问题到底出在哪儿呢？其实大部分是"问题出在商业模式"！商业模式不成型、不成熟，企业缺乏模式力。

商业模式是什么？

营销学家科勒说，商业模式是在企业宏观战略框架下，选择目标市场，通过创造性的内容，提供客户价值和传播价值信息，来赢得并保持和不断开发客户的艺术与科学。

科勒的定义可以得到例证：Moussy（摩西）是 Baroque Japan Ltd 公司创立的第一个品牌，当时主力发展摩西牛仔（Moussy denim）。摩西将惯用于男士牛仔裤的厚牛仔布（heavy ounce denim）应用在女士牛仔上，由于当时日本时装界甚少将男性化的元素融入女性品牌，摩西凭着其独特而创新的品牌形象，吸引了不少追随者。"自我·性感·酷味"（BE MY SELF.SEXY.COOL）是摩西（Moussy）主要的品牌形象。Moussy 所设计的服饰是定位给那些：有自我形象、自我生活态度、独立而且有影响力的时代女性。此例生动体现了商业模式的选择性、传播性、创造性、艺术性与科学性。

哈佛商学院对商业模式的定义是：企业赢利所需核心业务的决策与平衡。指一个组织在何时、何地、为何、如何、多大程度、为谁、提供什么样的产品与服务并开发资源以持续这种努力的组合（7问：when, where, why, how, how much, who, what）。

一般认为商业模式包含四个维度（见图1-2）：客户价值、公司盈利模式、公司生态系统和公司变革能力，要能够回答以下问题：赚谁的钱？客户凭什么付钱？怎么赚钱？为了赚钱，要具备什么资源和能力？怎么使赚钱更有效？

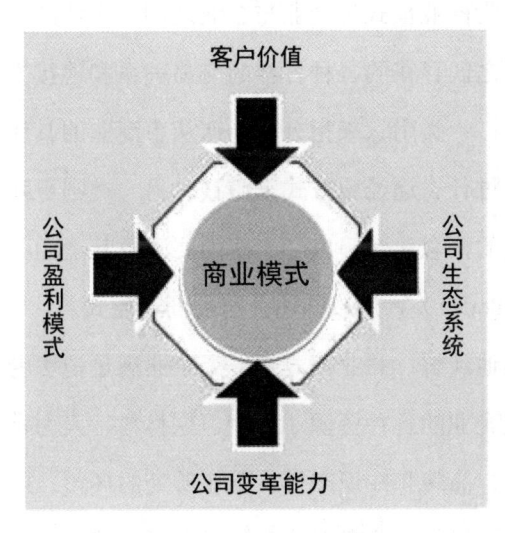

图1-2 商业模式一般维度

马云提出商业模式的"小而美"理论。马云依靠草根经济给商人洗脑，告诉大家天下没有难做的生意，人人都是创业家。与其在淘宝网上做大，不如专心做"小而美"。此言一出，不少商家如吃了定心丸一般，不再求大，专心发展"小而美"。这一盛举也更加稳固了马云的"江湖"地位，现如今马云可谓是一呼百应。

有人认为互联网是一个销售渠道，但互联网思维本质是一种新商业模式。就像马云说的，传统企业对互联网模式往往先是看不见，然后看不起，最后来不及。不一定非要在互联网上卖，而是要用互联网思维方式卖！什么是互联网思维方式？就是与目标人群打成一片的思维方式，就是C2B，最后形成粉丝经济，建立起企业自己的粉丝帝国。

白酒是传统文化的典型代表，但白酒股票皆被市场腰斩，不是因为限酒令，而是传统文化的营销之路走到头了。江小白搞出了时尚白酒概念，与传统文化切割，只针对年轻人说话，卖了几个亿，让传统白酒经营者直呼看不懂。这就是互联网思维下的粉丝经济模式。

传统观点认为商业模式是企业与企业之间、企业的部门之间乃至与顾客之间、与渠道之间存在的各种各样的交易关系和连接方式。商业模式有两种不同的含义：一类用它来指公司如何从事商业的具体方法和途径，简单说就是公司通过什么途径或方式来赚钱。另一类则更强调模型方面的意义，是商业模式的概念化，提出了一些由要素及其之间关系构成的参考模型（Reference Model），用以描述公司的商业模式。

商业模式其他新解：商业模式是一个企业满足消费者需求的系统，这个系统组织管理企业的各种资源（资金、原材料、人力资源、作业方式、销售方式、信息、品牌和知识产权、企业所处的环境、创新力，又称输入变量），形成能够提供消费者无法自给而必须购买的产品和服务（输出变量），因而具有自己能复制且别人不能复制，或者自己在复制中占据市场优势地位的特性。

以上观点和解释从不同角度和和侧面对商业模式进行了描述，笔者认为：商业模式是企业生存和发展的核心解决方案，是企业经过智力设计的快速成长基因，也是企业战略目标落地实施的路径选择，更是企业各种商业活动的沟通语言与规范标尺。商业模式旨在实现企业价值，包括对客户、员工、股东、社会等各利益攸关方提供价值。通过商业模式运作，能够整合各方资源，创造企业价值、赢取客户价值。如果说战略是企业的明灯、文化是企业的灵魂，那么，商业模式就是企业的轴轮，支撑着企业滚滚向前。

商业模式是企业的核心竞争力，通过资源、技术与技能有效整合，串起了企业的全部活动。商业模式是企业的沟通语言，战略可以保留分歧，但行动必须保持一致，商业模式就是企业行动一致的规范工具。企业没有战略，会失去未来；而没有商业模式，将寸步难行，败于市场。

第五节　企业呼唤模式家

从 1998 年到 2007 年，成功晋级《财富》500 强的企业有 27 家，其中有 11 家认为他们的成功关键在于商业模式的创新。前时代华纳 CEO 迈克尔认为，在经营企业过程中，商业模式比高技术更重要，因为前者是立足的条件。由此可见，商业模式创新的力量可以决定企业的命运。

管理大师彼得·德鲁克认为：当今企业之间的竞争，不是产品与服务之间的竞争，而是商业模式之间的竞争。

那么问题来了，既然商业模式如此重要，企业为何不去多多创新商业模式呢？人们对过去 10 年间发生的重大创新进行了分析，发现与商业模式相关的创新成果屈指可数。美国管理协会（American Management Association）近期的一项研究也表明，全球化企业在新商业模式开发上的投入，在创新总投资中的占比不到 10%。有关研究发现商业模式创新比想象困难得多，主要存在两个问题：第一，缺乏相关的统一定义，有关商业模式发展动态和进程的正式研究极少，很少有企业充分了解自身现有的商业模式——为什么要发展这种模式，前提是什么？模式中有哪些自然的互依性？并具有哪些优势，存在哪些限制？因此，这些企业并不知道如何发挥核心业务优势、何时需要通过新的商业模式来获得成功。第二，缺乏好的模式设计师和操盘者，即缺乏商业模式专门人才。

模式家是谁？

一个公司的成功，商业模式设计是重要的第一步，同样重要的是具有执行这个模式的优秀操盘手，笔者把从事商业模式设计与商业模式运作的专门人才，称作"模式家"，他们是企业的中流砥柱，是企业的灵魂，是企业资源的整合者，也是员工行为的规范者（见图1-3）。

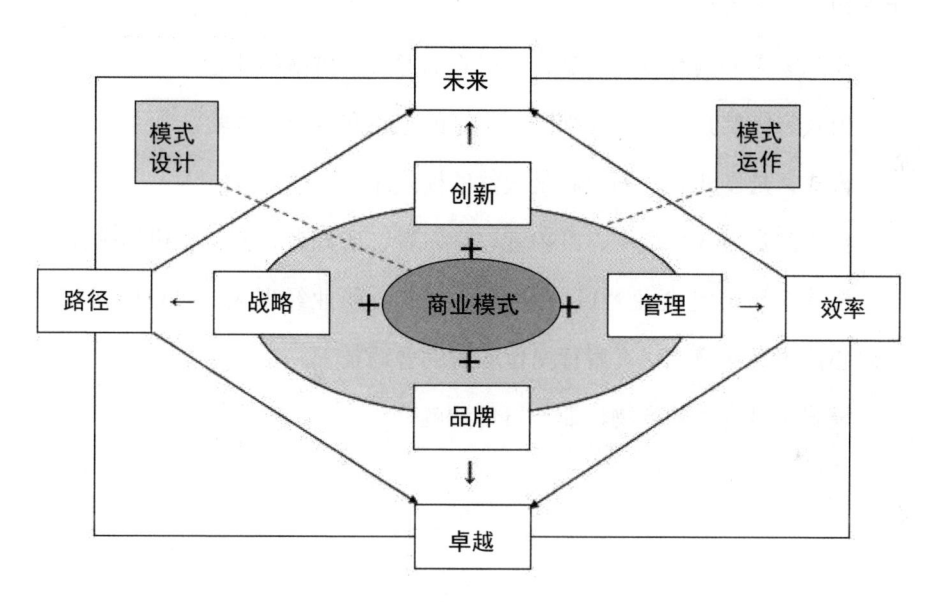

图 1-3 模式家价值模型：商业模式设计 + 商业模式运作

本书取名《模式家》，旨在帮助企业认识商业模式本的质及模式家的重要作用，并助力模式家个人成长与企业模式创新。

模式家素质能力要义：

真正的模式家既能够遵循战略设计商业模式，又能够创新商业模式支撑企业战略落地，并通过品牌塑造、管理提升与业务创新实践，为企业提升效率，成就卓越，赢得未来！

模式家要有担当，并有良好的修为。

模式家是企业商业模式的设计师和践行者，需要集"战略谋士、品牌师、创客与操盘手"于一体，是企业成功的关键人物。模式家是思想家、理论家和操盘手，而非空想家、评论员和旁观者，更不是指手画脚、滥竽充数的大忽悠。没有战略家企业将失去未来，没有模式家企业会丧失当前；战略家为模式家指明创新方向，模式家为战略家赢得时间与空间，更前卫、更迫切、更不可少。

模式家需要具有良好的品行、坚忍的意志和拼搏的斗志。

模式家需要具有开阔的视野、丰富的理论和竞争的经验。

模式家是创业者，创业者是天然的模式家。

模式家是模式缔造者、维护者、学习者、研究者、创新者和集成者。

模式家可能是企业老板、董事长、CEO、职业经理人，也可能是每一位忠心按照商业模式认真履行岗位职责的普通员工。

模式家是竞争的产物，非一日可造就。

第六节　商业模式演进趋势

商业领域中，构建出一种方式，以满足市场需求而实现交易或交换，并可以持之以恒地延续发展，即可看作一种成功的商业模式。

一、传统商业模式概要

司马迁所著《史记》中的《货殖列传》，记载了最初的商业交换雏形。"货殖"是通过商品交换，滋生资货财利，利用货物的生产与交换，进行商业活动，从中生财求利。而司马迁所指的"货殖"，还延伸到手工业，以及农、牧、渔、矿山、冶炼等行业的各种经营形态。

早年，物产因品种与产地的不同，产生交换的需求，又由于物品价格的不同，使得产品流动成为可能。太行山以西多出现木材、竹子、玉石，而太行山以东则出产鱼、盐，江南地区多楠木、生姜、各种有色金属，如同水自高向低流，依据不同的需求，实现产品的自然流动。

最初的"以物易物"的传统交换方式，即可视作一种商业模式，这种初级的原始的商业模式，是为了满足各自需求，所谓的盈利尚不在其考量的范围之内。并且，这种"以物易物"，也不是持续的，交换的物品总是随着个人眼光的不同，而发生非常大的差异性变化。这其中不变的是交换双方通过自己的不同需求而进行自我的调节。

之后,不再是"以物易物",提供产品的雏形应运而生。东南西北物产各不相同,人们持有认可的交易工具,去市场上购买自我需求的各种产品。

随着需求的不断丰富,各种产品也逐渐丰富,出现了专门从事商业的群体。基于满足不同需求的商业群体,开始各经其业,各从其事,约定俗成的商业规范逐渐建立,各自的商业模式也在交易中成熟与发展起来。

以产品为依托固然是商业常态形式,而在商业社会的演进中,专门提供以服务为主的商业模式,也随着产品提供同时登上了商业社会的历史舞台。伴随着有形产品的出现,各种无形的服务,或者仅仅是一种单纯的体验,极大满足了大众的需求,丰富了商业模式的内涵。

提供产品是商业社会中最为核心的主要形态,也是最为稳固和恒定的模式。无论商业模式如何演化,需求如何转换,产品有形或是无形,产品在其中扮演着不可或缺的角色。

在上述提供产品和服务的商业模式中,场景的构建非常重要。起初,可能是双方一次简单的交流,或是一次偶尔的会面,都是达成交易的场景。演变到后来,就成为一种固定场所、固定时间(即固定时空)的行为,在这个特定时空内的行为,不断提升的定制化和专业化成为商业模式最为重要的特征,即及时了解客户最为真实的需求,在分解其需求的基础上,不断提升产品的品质、不断完善服务的体系,在买方时代全方位满足客户需求。

二、现代商业模式演进

现代商业社会的商业模式演进,已经发生了翻天覆地的变化,以信息技术撬动的商业社会,场景已经发生了重大的变化,已经完全不受时空的限制,也不受渠道的限制,加之无数资本涌入到商业领域,供给方式和提供产品或服务的丰富程度,更是与传统商业社会有天壤之别。

物物交易过程中，逐渐产生了以信贷为基础的产品交易，这种建立在信用和契约基础上的产品交易，东西方都遵从着同样的原则。信守承诺、尊重契约精神，商业的繁荣无不依仗于此。在产品逐渐丰富的基础上，依托着产品的服务也成为交易的主体，并在逐渐的演变中，服务本身就可以成为一种交易主体。技术的突飞猛进，机器以及人工智能逐步替代了传统手工人力，为商业模式的革新带来了颠覆性的变化。人们不再依赖手工，传统的劳动及手工作坊模式也逐渐消亡。第一次、第二次工业革命，为社会的变革进步，提供了重要的物质准备，而新技术革命浪潮也从来都没有停止过。以技术为纽带，互联网浪潮席卷全球，使世界更小，呈现出地球村的景象，商业世界从来都没有像今天这样没有边界，没有国界。随之而来的是，商业渠道也发生了重大革新，传统的商业渠道逐渐模糊，以电子商务为核心的商业模式在过去的十多年，特别在中国，成为引领世界的一道亮丽的风景线，诞生了众多的新型商业模式。消费需求引发了生产方式、供给方式的变革。B2B、B2C、O2O、OEM、C2F 各种名词应运而生，一个个新模式成为时代的宠儿，而也有大量创新模式过时，被扫进时代的垃圾堆。

时代变迁，应接不暇。小作坊不见了，公司产生了。传统生产企业已经演变成依照订单生产、满足个性化需求的定制工坊。小公司不见了，集团公司、跨国公司产生了。银行卡、虚拟支付出现了，传统的货币概念愈加模糊，传统的收费模式褪色了。收费不灵了，各种免费和第三方支付出现了。传统的独自研发消失了，各种众筹、众包、分包出现了。传统的纸媒、电视媒体消失了，新媒体如同雨后春雨般呈现。

场景发生了变化。不再是集市、庙会、传统综合商厦提供的简单产品或者服务，依托于消费需求和技术革新，消费场景已经变成了因人的需求而随时构建，一个小的微信群体，都可能构建一个新的消费场景。

服务内容发生了变化。 简单的产品或服务，仅仅是满足需求的一个方面，气味、听觉，与人体感官组合在一起的各种需求满足，都进入了服务领域，更多小众化的、满足个体某个需求的模式登上了头条。

渠道发生了变化。 渠道的界限日趋模糊，分销、直销——原来的蓄水池已经变革成为一个个小小的自来水龙头，只要有需求，处处都有水源，处处都可成为渠道。

营销发生了变化。 营销已经由原来的消费者被动接受，到现在的消费者主动寻找。推送中，消费者可根据个体需求，不停地去屏蔽或者接受。

连接方式发生了变化。 新技术、新媒体的出现，使连接场景的方式发生变化，通过智能设备，包括穿戴设备，使构建连接方式简单高效。

未来，随时、随地、任意渠道、任意产品或服务，都可以在所能想象的范围内得以呈现。已经无所谓线上线下，也不存在奇货可居，商业模式的演进从来都没有像今天这样，壁垒如此模糊，与参与其中各方人员如此接近。跨界融合、智能生态，都将进入寻常百姓家，创新也不再是时髦的词汇。

那么，新商业模式如何从这种时代大潮的冲击中脱颖而出？时代给模式家提出了新的课题！

第二章　商业模式基本范式

　　纵观人类商业文明发展史，自从有了商品，就产生了商业模式。当前全球究竟有多少种商业模式？这无疑是一个巨大的天文数字，无人能够穷尽。

　　对有史以来的商业模式进行系统梳理，这是一个浩大的过程，虽然耗时但颇有收获。本章开始,作者将研究发现的成果提供给读者，这是人类进化的宝贵财富。

第一节　商业模式分类概述

商业模式可划分为产品商业模式与企业商业模式两大类，企业可能提供 1—N 个产品与服务项目，每个产品与服务项目都需要一个商业模式来支撑，企业商业模式是产品商业模式的集合。

成功的商业模式是 VPMsaid 7 个方面各基本范式的艺术集合，各范式配套互动并不断循环与推进，形成动态与竞争的模式闭环及其竞争优势。笔者化繁求简，提炼出了商业模式的创新结构理论——VPMsaid 集合理论，将商业模式划分为"企业价值（Value）、输出渠道（Path）、市场营销（Marketing）、客户服务（Service）、公司管理（Administration）、利益收入（Income）、持续发展（Development）" 7 个方面，作为商业模式的理论框架与应用模块。VPMsaid 取自每个方面的英文首个字母，said 用小写字母，表示"说""学说"，以便于掌握，更好学、好记、好用！

每个企业、每个产品的商业模式，完全可以包含于上述 VPMsaid 7 个方面之中，企业在某个方面或几个方面拥有关键优势，并与其他方面共同配合，形成自身独特的完整商业模式与核心竞争力，从而实现企业价值，这是商业模式 VPMsaid 集合理论的精髓所在。所谓商业模式的竞争，就是企业在 VPMsaid 7 个方面同时展开的整体竞争。单个方面的范式，仅仅是商业模式的局部与部分描述，不能代表整体的商业模式。只有VPMsaid 7个方面各自的范式相互结合而组成的集合，才是相对完整的商业模式（见图2-1）。

图2-1 商业模式的创新结构——模式环VPMsaid集合

为了更好地掌握商业模式的基本原理与运作要领，首先需要了解商业模式的基本范式。本书根据VPMsaid框架，每个方面介绍提炼12种范式，共总结出具有代表性的84个基本范式，作为模式家素质最为基本的模式储备。希望读者熟记于心，时时钻研，定能快速成长（见表2-1）。

表 2-1 商业模式基本范式 VPMsaid 一表通

七个方面	V-企业价值 Value	P-输出渠道 Path	M-市场营销 Marketing	s-客户服务 Service	a-公司管理 Administration	i-利益收入 Income	d-持续发展 Development
新特征	制造+智造	流通+互联网	客户+用户	专业+贴心	制度+机制	价格+转换	融合+跨界
一	产品	商业	消费者	场景	组织	收费	战略
1	王牌、专利产品	批发、分销	面对面交流	环境布置	高效能架构设置	现款	低成本
2	定制、C2F、OEM	纯销配送	口碑、广告	音乐	岗位与权限匹配	账期	差异化
3	仿制	代理推广	身份、优惠	透明展示	有效沟通	折扣、降价	多元化
4	入口流量、粉丝	供应链服务	名人、权威	整体服务	组织化营销体系	产业金融	资本扩张
二	技术	零售	终端	体验	运营	免费	创新
5	互联网技术IT	单体店	学术营销推广	个性化服务	流程再造	押金	共享平台
6	大数据技术DT	连锁经营	CSO	亲切、可信	质量追求	饵+钩	生态体系
7	人工智能AI	仓储商超	返利	方便、快捷	财务管理	硬+软	创新驱动
8	3D打印技术	中心商城	集成服务	特色	HR开发	主机+耗材	众包、众筹
三	专业服务	电子商务	供应商	顾问	机制	转移付费	品牌
9	物流服务	B2B、B2C	付款信用	健康	创新体系	1P	老字号
10	信息服务	O2O、O+O	助销	理财	奖罚分明	公益	第一、唯一
11	金融服务	C2F	信息反馈	教育	合作共赢	补贴	文化
12	咨询、解决方案	微商、C2C	长期合同	旅游	晋升公平	外包	行业标准

VPMsaid 是一个完整的商业模式架构，其任何一个独立方面构成企业商业模式的基本范式。很多商业模式的书籍与专门文章，将基本范式误认为是商业模式，难免以偏概全。但基本范式却是企业商业模式的主要方面，模式家首先需要认识 VPMsaid 7 个方面各种具体的基本商业范式。

　　以下分别介绍 VPMsaid 7 个方面的具体商业范式，包括范式概念、内容与要素，并列出其典型成功案例。

第二节　企业价值方面的基本商业范式

企业价值范式（V，Value）指以生产产品与推广产品为主的自产自营商业模式。企业是广义产品的提供者，广义产品包括有形产品与无形产品。无形产品有工艺、技术、解决方案、管理制度、专业服务等，今后甚至信息、数据、流量、内容等新概念产品，也将成为重要无形产品。

有形产品的生产是"制造"过程，可以通过"体力+简单脑力"来完成；无形产品的提供则是"智造"过程，更需要"高智力+高情商"，才能实现技术突破与优质服务。"制造"是一种简单、可重复的劳动过程，而"智造"则难以仿制，更具有挑战性。

本书将企业价值划分为产品制造、技术提供、专业服务三个层次。

范式1：王牌、专利产品（VPMsaid一表通：V1）

【范式描述】

以产品为核心，精心打造产品品牌，并夺取品牌之冠，成为品牌之王，获得超溢价。或以专利技术为支撑，取得市场保护与自主定价权，提高竞争壁垒，拉大竞争差距。或转让专利权获得高收益。

【标杆典范】

王牌产品：五粮液集团有限公司——五粮液；苹果公司——智能手机

iphone。

专利产品：波音公司——飞机发动机专利；复旦大学生命科学学院教授杨青——将具有自主知识产权的用于肿瘤免疫治疗的IDO抑制剂有偿许可给美国HUYA公司，为复旦大学和杨青教授带来约6500万美元的收益。

范式2：定制、C2F、OEM（VPMsaid一表通：V2）

【范式描述】

定制C2F是满足客户个性化需求，提供产品与服务，更具体、更专业、更贴心的模式。

OEM俗称代工（生产），基本含义为品牌生产者不直接生产产品，而是利用自己掌握的关键的核心技术负责设计和开发新产品，控制销售渠道，具体的加工任务通过合同订购的方式委托同类产品的其他厂家生产。之后将所订产品低价买断，并直接贴上自己的品牌商标。

【标杆典范】

海尔公司：COSMOPlat——希望成为世界领域工业互联网平台，解决大规模制造到大规模定制，并由用户个性化定制带动全产业链智能互联。

广州市例外服饰有限公司：中国"第一夫人"彭丽媛随国家主席习近平外访，其优雅得体的着装引起世人关注，并受到海内外媒体称赞。令人惊奇的是，彭丽媛的服装，既不是爱马仕也不是Tods等国外大牌，而是国内品牌。其走出机舱时所穿的大衣及所拿手提包，均是广州市例外服饰有限公司为其定制，是实打实的国货。

英国联合博姿公司：（Alliance Boots）是全球领先的医药批发商和

零售商，拥有全球化的药品供应链系统，并提供药事管理和药品配送的服务。联合博姿在英国零售药店行业占据着垄断地位，其OEM战略为提高盈利水平奠定了基础。目前公司业务已经遍及全球20多个国家，建立了380个药品仓库网络，开设有药店、医院、健康服务中心等。

范式3：仿制（VPMsaid一表通：V3）

【范式描述】

模仿他人的工艺、技术、标准、风格、造型等，制造类似产品，通过低成本优势，意图快速瓜分原产品市场份额。医药领域则通过仿制药许可，降低医保与患者负担。

【标杆典范】

艺术品市场：故宫博物院"石渠宝笈特展"上，张择端《明清上河图》、唐寅《孟蜀宫妓图》以及韩滉《五牛图》等一大批稀世珍宝的复制品被精心推出，并出现了让人意想不到的火爆。人人都希望能收藏到真正的古代艺术品，但那些精美的古玩艺术品价格却节节攀升，价格远不是普通群众能够接受的。一方面经济宽裕了，老百姓想要艺术上的熏陶；另一方面价格高、数量少、真品难觅使得大部分人望而却步。很多人都想在欣赏作品和节约成本中做到"鱼和熊掌"兼得，因此，复制品就在这样的背景下产生了，甚至繁盛不已。

印度：为了捍卫本国的仿制药业，印度还以法律的形式与西方制药巨头抗衡。印度发布了其首例对于专利药物的"强制许可证书"，允许本土制药公司Natco公司生产Bayer公司的一种抗肝癌和肾脏癌药物多吉美的仿制药。诺华"格列卫"一个月治疗花费高达4000美元，而印度仿制药仅需73美元。

范式 4：入口流量、粉丝（VPMsaid 一表通：V4）

【范式描述】

将用户与流量作为"特殊产品"，应用互联网的搜索引擎与专项服务作为入口，以聚集用户、拓展业务，并培养粉丝，使之转化为商业利益的模式。

通过入口级产品获取用户，把控网络流量，最后通过流量变现来获取盈利，这也是互联网的典型商业模式。"用户"的广泛含义是：使用者，即产品或服务的无偿使用者。用户区别于客户，客户是在商业领域产品或者服务的购买者，用户付费才能成为客户。"流量"在网络上的意思是：在一定时间内打开网站地址的人气访问量，或者是手机移动数据的通俗意思。通过极致的产品和服务来获取用户，把用户变成自己的"粉丝"，然后通过跨界整合资源，为"粉丝"提供更多更好的用户体验，最终提高用户的收入均值，属于移动互联网的典型商业模式。

房地产经营的是地段，传统互联网经营的是流量，自媒体经营的则是粉丝。而未来是"影响力"和"号召力"之争，"核心粉丝"的瞬间联动是未来商业的"引力波"。

【标杆典范】

百度、360 搜索、新搜狗：激烈争夺搜索入口市场。

阿里、腾讯：血拼打车软件。小小的打车软件竞争背后是移动互联网、移动互联网金融支付、大数据三大金矿的争夺。腾讯的微信支付和阿里巴巴支付宝钱包成为打车软件背后的靠山，并且不惜重金烧钱奖励乘客和司机，推广打车软件的目的在于争夺移动支付、大数据和移动互联网市场份额。通过占领打车软件推广市场，占领移动互联网时代 LBS（基于地理位置的服务）以及 O2O（线上到线下）领域的重要入口。

腾讯：微信自 2011 年初推出测试版，微信从 0 到 1 亿用户，用时 14

个月；1 亿到 2 亿用户，用时 6 个月；2 亿到 3 亿用户，用时 4 个月……之后，微信用户数量稳定地以每 4 个月增长 1 亿的速度积累用户。

蒙牛和阿里：早在 4 年前就开始做大数据体系，并独立积累了超过 2000 万的线上用户。

苹果公司：苹果电脑与手机培养了一代又一代果粉，同时培育了手环等其他产品的市场机会。

小米和格力：雷军和董明珠的 10 亿赌注，背后是新旧思维的碰撞。格力的模式，是传统产业链模式；雷军的模式，就是粉丝经济模式。

范式 5：互联网技术 IT（VPMsaid 一表通：V5）

【范式描述】

指运用互联网信息技术，为客户提供硬件、软件、解决方案等相关服务的模式，旨在帮助客户提高信息化水平与管理决策效率。

互联网技术：指在计算机技术的基础上开发建立的一种信息技术，直译：Internet Technology；简称：IT。互联网技术分为三个方面：第一层是硬件，主要指数据存储、处理和传输的主机和网络通信设备；第二层是指软件，包括可用来搜集、存储、检索、分析、应用、评估信息的各种软件，它包括我们通常所指的 ERP（企业资源计划）、CRM（客户关系管理）、SCM（供应链管理）等商用管理软件，也包括用来加强流程管理的 WF（工作流）管理软件、辅助分析的 DW/DM（数据仓库和数据挖掘）软件等；第三层是指应用，指搜集、存储、检索、分析、应用、评估使用各种信息，包括应用 ERP、CRM、SCM 等软件直接辅助决策，也包括利用其他决策分析模型或借助 DW/DM 等技术手段来进一步提高分析的质量，辅助决策者作决策（强调一点，只是辅助而不是替代人决策）。

【标杆典范】

华为技术有限公司：华为是一家生产销售通信设备的民营通信科技公司，总部位于中国广东省深圳市龙岗区坂田华为基地。华为的产品主要涉及通信网络中的交换网络、传输网络、无线及有线固定接入网络和数据通信网络及无线终端产品，为世界各地通信运营商及专业网络拥有者提供硬件设备、软件、服务和解决方案。

腾讯：微信。

范式6：大数据技术DT（VPMsaid一表通：V6）

【范式描述】

运用数据技术开展大数据管理、数据挖掘与数据制造（DW/DM），提升企业价值，以云计算、量子计算为主要技术与服务的商业模式。

云是网络、互联网的一种比喻说法。云计算是基于互联网的相关服务的增加、使用和交付模式，通常涉及通过互联网来提供动态易扩展且经常是虚拟化的资源。根据美国国家标准与技术研究院（NIST）的定义：云计算是一种按使用量付费的模式，这种模式提供可用的、便捷的、按需的网络访问，进入可配置的计算资源共享池（资源包括网络、服务器、存储、应用软件、服务），这些资源能够被快速提供，只需投入很少的管理工作，或与服务供应商进行很少的交互。

量子计算是一种遵循量子力学规律调控量子信息单元进行计算的新型计算模式。量子力学态叠加原理使得量子信息单元的状态可以处于多种可能性的叠加状态，从而使得量子信息处理从效率上相对于经典信息处理来说具有更大潜力。

数据技术：即数据库技术，作为信息系统的一个核心技术，提供一种计算机辅助管理数据的方法，本质上是研究、管理和应用数据库的一门软件科学，通过对数据的统一组织和管理，按照指定的结构建立相应的数据和数据仓库；利用数据库管理系统和数据挖掘系统设计出能够实现对数据库中的数据进行添加、修改、删除、处理、分析、理解、报表和打印等多种功能的数据管理和数据挖掘应用系统；并最终实现对数据的处理、分析和理解。

【标杆典范】

百度：百度云综合解决方案。

中科院在 2017 年 5 月 3 日宣布中国建造了世界上第一台超越早期经典计算机的光量子计算机，自主研发 10 比特超导量子线路样品，通过发展全局纠缠操作，成功实现了目前世界上最大数目的超导量子比特的纠缠和完整的测量。根据中科院的介绍，中国 2016 年就首次实现了 10 光量子纠缠操纵，随后在此基础上构建了针对多光子"玻色取样"任务的光量子计算原型机，速度比之前国际同行所有类似实验快了至少 2.4 万倍。

阿里巴巴：女性内衣尺码区域分布大数据，引导商家促销。

中恒华瑞（北京）信息技术有限公司：数据生命周期管理（历史数据归档）、隐私数据保护（敏感数据屏蔽）、测试数据管理、应用退役管理等。

范式 7：人工智能 AI（VPMsaid 一表通：V7）

【范式描述】

以人工智能科技产品为核心竞争力的商业模式。

人工智能是研究、开发用于模拟、延伸和扩展人的智能的理论、方法、技术及应用系统的一门新的技术科学。以人工智能带来的科技产品，包括机器人、语言识别、图像识别、自然语言处理和专家系统等，将会是人类智慧的"容器",也可能超过人的智能,将成为新商业模式的爆发领域。

人脸识别是基于人的脸部特征信息进行身份识别的一种生物识别技术,主要用于身份识别。采用快速人脸检测技术可以从监控视频图像中实时查找人脸,并与人脸数据库进行实时比对,从而实现快速身份识别。生物识别技术(如虹膜识别系统等)将广泛用于政府、军队、银行、社会福利保障、电子商务、安全防务等领域。

【标杆典范】

美国直觉外科公司:医疗机器人产品达·芬奇。

医疗机器人,是指用于医院、诊所的医疗或辅助医疗的机器人,是智能服务机器人的一种,它能独自编制操作计划,依据实际情况确定动作程序,然后把动作变为操作机构的运动。医疗机器人一般可分为康复机器人、手术机器人、护理机器人、医用教学机器人、移送病人机器人、运送药品机器人等。

腾讯:无人机、无人车自动驾驶技术。

谷歌DeepMind团队:人工智能从0到1,无师自通完爆阿尔法狗。

阿里:无人餐厅。

兰州银行:推出ATM人脸存取款业务,通过人脸图像采集、人脸定位、活体验证、人脸识别预处理、记忆存储和比对辨识,达到甄别客户身份信息,并对客户注册信息真实性进行验证的目的,最高准确率可达到99.5%。

范式8:3D打印技术(VPMsaid一表通:V8)

【范式描述】

以3D打印产品与技术服务为核心能力的商业模式。

3D打印（3DP）是一种快速的立体打印成型技术，以数字模型文件为基础，运用粉末状金属或塑料等可黏合材料，通过逐层打印的方式来构造物体。该技术在珠宝、鞋类、工业设计、建筑、工程和施工（AEC）、汽车、航空航天、牙科和医疗产业、教育、地理信息系统、土木工程、枪支以及其他领域都将会有广泛的应用。

【标杆典范】

1986年，美国科学家Charles Hull开发了第一台商业3D印刷机。

1993年，麻省理工学院获3D印刷技术专利。

1995年，美国ZCorp公司从麻省理工学院获得唯一授权并开始开发3D打印机。

2005年，市场上首个高清晰彩色3D打印机Spectrum Z510由ZCorp公司研制成功。

2010年11月，美国Jim Kor团队打造出世界上第一辆由3D打印机打印而成的汽车Urbee问世。

2011年6月6日，发布了全球第一款3D打印的比基尼。

2011年7月，英国研究人员开发出世界上第一台3D巧克力打印机。

2011年8月，南安普敦大学的工程师们开发出世界上第一架3D打印的飞机。

2012年11月，苏格兰科学家利用人体细胞首次用3D打印机打印出人造肝脏组织。

2013年10月，全球首次成功拍卖一款名为"ONO之神"的3D打印艺术品。

2013年11月，美国德克萨斯州奥斯汀的3D打印公司"固体概念"（Solid Concepts）设计制造出3D打印金属手枪。

近年来，3D打印制药与打印活体组织均有所发展。年初美国食品药监局批准了全球第一款 3D 打印药物左乙拉西坦（Spritam），这款处方口服药可用于控制和缓解癫痫发作、肌阵挛性发作及初级全身性强直阵挛性发作。日本科技公司 Cyfuse 研发出一款名为 Regenova 的生物 3D 打印机，这款打印机可以聚集自动组装活细胞，最终形成活体组织。目前这款生物 3D 打印机已经能够打印出血管、消化及泌尿器官、软骨、小型肝脏等活体组织，这些活体组织往往被用于测试新型药物。未来或许这项技术能够制造出人体器官的替代品。

4D 打印：麻省理工学院的研究者们研究出了一项新技术，制造出来的物体可以自行组装成型，研究者们将这项技术称为"4D 打印"。这项技术秘密完全在于材料上，这支研究团队制造出的木板和碳纤维材质融合了传感器、逻辑和输出技术，一块木板接触水分后，竟然可以自动折叠成型变成大象玩具。

范式 9：物流服务（VPMsaid 一表通：V9）

【范式描述】

以货物送达为特征的商业模式。

物流是将物品从供应地向接收地的实体流动过程中，根据实际需要，将运输、储存、装卸搬运、包装、流通加工、配送、信息处理等功能有机结合起来实现用户要求的服务过程。

【标杆典范】

联邦快递（FedEx）：一家国际性速递集团，提供隔夜快递、地面快递、重型货物运送、文件复印及物流服务，总部设于美国田纳西州，隶属于美国联邦快递集团（FedEx Corp）。

顺丰速运：一家主要经营国际、国内快递业务的港资快递企业。

范式 10：信息服务（VPMsaid 一表通：V10）

【范式描述】

以信息产品为主要依托的商业模式。

信息服务主要包括信息传输服务和信息资源内容服务。

【标杆典范】

Google：谷歌公司成立于 1998 年 9 月 4 日，由拉里·佩奇和谢尔盖·布林共同创建，被公认为全球最大的搜索引擎与信息服务公司。

米内网：原名中国医药经济信息网，始建于 1997 年 9 月，由国家食品药品监督管理总局南方医药经济研究所主办。经过 17 年的建设，已经发展成为中国医药资讯门户。米内网整合了南方所的媒体和信息资源，提供专业权威的医药行业数据服务，及时发布医药及大健康领域的最新资讯，阐释市场、政策的独家观点，延伸信息价值，打造交流平台。

范式 11：金融服务（VPMsaid 一表通：V11）

【范式描述】

以金融产品为主要依托的商业模式。

金融服务是指金融机构运用货币交易手段融通有价物品，向金融活动参与者和顾客提供的共同受益、获得满足的活动。按照世界贸易组织附件的内容，金融服务的提供者包括下列类型机构：保险及其相关服务，还包括所有银行和其他金融服务（保险除外）。广义上的金融服务，是指整个金融业发挥其多种功能以促进经济与社会的发展。具体来说，金融服务是指金融机构通过开展业务活动为客户提供包括融资投资、储蓄、信贷、结算、证券买卖、商业保险和金融信息咨询等多方面的服务。

【标杆典范】

联合健康 UnitedHealth Group（UNH）：美国最大的健康保险公司，是一家多元化的健康和福利公司，成立于 1974 年，总部位于美国明尼苏达州的 Minnetonka，共有 75000 名员工，是美国最大的健康保险公司。UNH 通过旗下六家公司在全美 50 个州和国际间营运，公司致力于提高所服务的人群和他们的社区的总体健康和福利，增强卫生系统的效能。

上海证券交易所：成立于 1990 年 11 月 26 日，同年 12 月 19 日开业，受中国证监会监督和管理。按照"法制、监管、自律、规范"的八字方针，上海证券交易所致力于创造透明、开放、安全、高效的市场环境，其主要职能包括：提供证券交易的场所和设施；制定证券交易所的业务规则；接受上市申请，安排证券上市；组织、监督证券交易；对会员、上市公司进行监管；管理和公布市场信息。经过 27 年的快速成长，上海证券交易所已发展成为拥有股票、债券、基金和衍生品四大类证券交易品种的、市场结构较为完整的证券交易所；拥有可支撑上海证券市场高效稳健运行的交易系统及基础通信设施；拥有可确保上海证券市场规范有序运作的、效能显著的自律监管体系。依托这些优势，上海证券市场的规模和投资者群体也在迅速壮大。2016 年末，沪市上市公司数达 1182 家，总市值 28.5 万亿元，全年累计成交金额 50.2 万亿元，日均成交达 2056 亿元，股市筹资总额达 8056 亿元；债券市场挂牌只数达 8077 只，托管量 6.2 万亿元，累计成交 224.7 万亿元；基金市场只数 137 只，累计成交 8.9 万亿元；衍生品市场 2016 年全年累计成交 431.9 亿元。沪市投资者开户数量已达 22485 万户。

范式12：咨询、解决方案（VPMsaid 一表通：V12）

【范式描述】

以知识和经验为主要依托的服务模式。

咨询产生智力劳动的综合效益，起着为决策者充当顾问、参谋和外脑的作用。作为一项具有参谋、服务性的社会活动，在军事、政治、经济领域中发展起来，已成为社会、经济、政治活动中辅助决策的重要手段，并逐渐形成一门应用性软科学。

【标杆典范】

麦肯锡咨询公司：世界级领先的全球管理咨询公司，由美国芝加哥大学商学院教授詹姆斯·麦肯锡（James O. MCKinsey）于1926年在美国创建。公司的使命就是帮助领先的企业机构实现显著、持久的经营业绩改善，打造能够吸引、培育和激励杰出人才的优秀组织机构。

麦肯锡采取"公司一体"的合作伙伴关系制度，在全球44个国家有80多个分公司，共拥有7000多名咨询顾问。麦肯锡大中华分公司包括北京、香港、上海与台北四家分公司，共有40多位董事和250多位咨询顾问。在过去十年中，麦肯锡在大中华区完成了800多个项目，涉及公司整体与业务单元战略、企业金融、营销/销售与渠道、组织架构、制造/采购/供应链、技术、产品研发等领域。

北京时代方略企业管理咨询有限公司：成立于2000年，多年专注医药行业管理咨询，定位为中国医药咨询行业领导品牌，引领中国医药产业变革发展的顶级智库——中国医药行业思想创造者、战略引领者、模式创新者、管理提升者、资源整合者。时代方略主要业务领域包括企业管理咨询、政府合作项目、投资并购项目、专业培训等。曾为跨国制药企业、国内医药工商业企业提供战略、营销、集团化管控、并购整合等管理咨询服务与整体解决方案。合作客户包括辉瑞惠氏（时代方略是辉瑞惠氏首选服务供应商）、帝斯曼、上海医药集团、重庆医药集团、北药股份、以岭药业、华北制药、新华制药、鲁抗医药、齐鲁制药、西南合成、远大蜀阳、人福科技、江西仁和集团、深圳海王集团、浙江康恩贝集团、河南宛西制药、海南康芝药业、金活医药、上海海虹集团、北京舒泰神等近百家国内外医药企业。曾为 CFDA 和商务部提供政策研究服务，参与多次国家政策制定，组织完成《基本药物制度对药品生产和经营的影响预判》《新版 GSP 法规修订》《医药流通行业发展规划（2011—2015）》等。曾为跨国医药企业、大型医药企业集团和国际顶级投资机构提供投资并购服务，组织完成辉瑞惠氏、印度太阳药业、华润集团、凯雷投资（全球最大投资机构）等目标企业遴选和评估项目。

第三节　输出渠道方面的基本商业范式

除了直销,渠道(P,Path)是生产企业实现销售的必由路径。

渠道,是产品从工厂或供应商到达最终客户的管道,具有闸门的功能,决定源头的水流向何处。一般情况下,渠道选择越多,众多经营者就认为获得机会越多。在细分领域市场的概念出现后,对于渠道的选择,一般经营者会依据其产品或服务的特性,选择特别单一的渠道,在渠道建设上,既节省了人力和推广成本,又构筑起独特的竞争对手难以攻破的护城河。

渠道,本质上属于产品的流通领域,生产商通过渠道实现销售。现代产品流通服务商,就是渠道服务商,渠道本身也可以成为独立的产品。

"传统流通+互联网"成为现代渠道的不二法门,移动互联网、物联网技术的发展,使得渠道概念相对更加模糊,领域则更加宽广。线上线下的渠道融合,将造就卓越的企业。普通产品可以全渠道营销,特殊产品需要特定渠道专业推广。

本书将渠道划分为三个层次,包括商业、零售和电子商务。

商业主要指传统的批发与分销,以及产品代理与流通服务。

零售接触的是最终消费者,产品通过零售渠道即告别流通领域,进入使用领域。生产企业自建零售销售自家产品,其零售属于直销,不属于渠道。

生产企业通过社会零售销售产品，其社会零售属于渠道。与批发不同的是，零售虽然也是主要通过进销差价来获取利润，但是销售频次多，经营品种也相应更加丰富。

电子商务是以信息网络技术为手段，以商品交换为中心的商务活动，其特征是传统商业交易行为的电子化、数据化、信息化，近20年有了长足发展，对人类商业活动产生了颠覆性影响。阿里、京东、苏宁、亚马逊等众多电商企业的崛起，不仅改变了人们的消费习惯，也改变了人们的生活理念和行为方式。

范式13：批发、分销（VPMsaid一表通：P1）

【范式描述】

批发和分销，在现代商业经济中，通过进销差价，获取利润，是批发和分销最基本的经营方式。经营者依靠建立起来的分销渠道，如同蓄水池一样，将来自于不同生产厂商或者其他供应商的产品，通过其分销渠道，将产品适当加价，分销到下一级分销商或者最终用户手上，这种传统的批发与分销，一般是借助已经形成的市场机制，还有比较特殊的，即依托国家或者政策已经确定好的规则，进行经营。

【标杆典范】

麦克森（MCKESSON）：2018年5月21日，2018年《财富》美国500强排行榜发布，麦克森排名第6位。麦克森于1833年由美国人约翰·麦克森和查里斯·奥科特在纽约创办。开始是一家名叫奥科特—麦克森商业公司的小药店，主要从事治疗药物和化学药物的进口和批发业务。如今麦克森已是北美第一大的医药批发商，总部设在旧金山，年收入达880亿美元，销售利润38.62亿美元，雇用员工25000人，为全球半数以上的大医院（拥有超过 200 个床位）提供软硬件支持。MCKESSON 公司最大的一部分业务立足于它的药品批发，通过其分布在全美各地的 30 个分销中心向全美 50 个州批发药品、保健及化妆品、医疗用品及设备。在全美国最大的工业企业中排名第 16 位。

范式 14：纯销配送（VPMsaid 一表通：P2）

【范式描述】

经营者聚拢众多产品，将产品输送到直接使用者手中，通常被称为纯销配送。纯销配送的利润一般由两个部分构成：一部分是进销差价；另一部分是在原价格基础上，配送方收取一定比例的配送费用。纯销配送主要依托两种资源：一是聚拢产品的能力，使产品线不断丰富和完善；另一种是物流和信息能力，依托物流网络和后台信息管理，实现产品便捷、安全配送。

【标杆典范】

国药控股、上海医药、华润医药为中国医院药品纯销配送的前三大企业。

范式 15：代理推广（VPMsaid 一表通：P3）

【范式描述】

代理推广，指与产品拥有者签署合作协议，经营者获取产品代理权，约定包含具体区域、时间区间、价格等主要条款，对其产品进行推广销售。一般而言，经营者在约定的范围内，具有极大的自主权，可以在产品拥有者的厂商资源支持下，依靠自己的推广团队，开拓市场，代理推广经过不断的演变升级，近年来有向合约销售（CSO）发展的趋势。

【标杆典范】

法拉利玛莎拉蒂汽车国际贸易（上海）有限公司：主营：法拉利中国总代理、法拉利中国官网、法拉利中国经销商。

法拉利（Ferrari）是一家意大利汽车生产商，1929年由恩佐·法拉利（Enzo Ferrari）创办，主要制造一级方程式赛车、赛车及高性能跑车。法拉利是世界闻名的赛车和运动跑车的生产厂家，早期的法拉利赞助赛车手及生产赛车，1947年独立生产汽车。菲亚特（FIAT）拥有法拉利90％的股权，但法拉利却能独立于菲亚特运营。法拉利汽车大部分采用手工制造，产量很低，截至2011年法拉利共交付7195台新车，为法拉利史上最佳销售业绩。公司总部在意大利的马拉内罗（Maranello）。

范式16：供应链服务（VPMsaid一表通：P4）

【范式描述】

供应链管理指经营者通过整合物流、信息等相关资源，缩短供应链节点，优化供应链流程，将供应链服务延伸到相关客户群。供应链服务是一种服务方面的商业范式，可以用来帮助企业以较低的运作成本达到较高的客户服务水平，最终可提高企业的利润率。包括集成订单平台、智能仓储、智能配送、后台管理、供应链金融等多个方面，对客户群的经营效益提升具有重要意义。

【标杆典范】

上海亚东盛进出口有限公司：2004年成立，年均进出口额超过2亿美元，是上海市"品牌服务企业"，被所在区域推选为"最具风采企业"，是上海进出口商会常务理事。公司在意大利、澳大利亚、中国香港、日本设立合资公司，并与集团总部在国内及美国、加拿大、新加坡等地70余家分公司构建服务网络。

为国内供应商提供供应链服务。国内：商务谈判协助、合同审核及缔结、外销服务外包（跟单）、汇率风险控制、贸易融资（信用证打包贷款等）

出口信用保险、出口许可证办理、外贸出口代理。国外：资信调查、进口清关、国外门点送货、售后跟踪及法律支持增值服务：国外买家信息提供、海外参展协助、海外代收货款、海外库存管理、海外公司咨询（商标注册、公司注册等）、海外客户联络及新订单跟进。

为国内采购商提供供应链服务。国内：信用证开立、汇率风险控制、进口许可证办理、外贸进口代理、进口清关、进口押汇和控货融资、国内仓库管理、国内配送、售后跟踪及法律支持。国外：资信调查、商务谈判协助、合同审核及缔结、跟单、装运前抽检或全检、国外门店提货、出口清关。

为国外供应商提供供应链服务。国内：国外门点提货、出口清关。国外：资信调查、投标代理、商务谈判协助、合同审核及缔结、信用证开立、汇率风险控制、进口许可证办理、进口清关、外贸进口代理、国内配送、售后跟踪及法律支持。

为国外采购商提供供应链服务。国内：进口清关、售后跟踪及法律支持。国外：行业产业咨询、供应商推荐、资信调查、供应商实地考察陪同、商务谈判协助、合同审核及缔结、贸易融资（信用证打包贷款等）、跟单、装运前抽检或全检、外贸出口代理、汇率风险控制、出口清关。

范式17：单体店（VPMsaid 一表通：P5）

【范式描述】

单体零售店，从小到大，是大型连锁的最小单元与母体。经营者依靠地理位置，一般经营日常用品和比较有特色的产品，将产品（服务）直接提供给消费者。零售单体店面对面接近消费者，随着移动互联网、线上线下融合，实体单店经营受到冲击。

【标杆典范】

上海市百货商店：地处中国大城市魔都上海，店铺成立以来发展迅速，业务不断发展壮大，主要经营百货、五金交电、针纺织品、音像制品、钟表眼镜、文化用品、家具装潢、仪器仪表、计量衡器、食品、油漆、颜料、汽配件、劳防用品、通信设备、搪瓷器皿、进出口贸易（按批文）、烟酒、黄金饰品修理，以旧换新。拥有良好的产品和专业的销售与技术团队。

范式18：连锁经营（VPMsaid 一表通：P6）

【范式描述】

连锁经营是指经营同类商品或服务的若干个企业，以一定的形式组成一个联合体，在整体规划下进行专业化分工，并在分工基础上实施集中化管理，把独立的经营活动组合成整体的规模经营，从而实现规模效益，是一种集中化与统一化的经营范式。经营者将经营单体、经营内容、运营标准、品牌形象等完全统一起来，形成规模效应，获取规模收益，在商业模式的选择上发展授权经营、加盟经营等范式，丰富了连锁经营的内涵。

【标杆典范】

某药房连锁公司：该公司是一家全国性的大型医药零售连锁企业，经过十余年的高速发展，已在全国19个省、自治区、直辖市建立了28家区域连锁公司，覆盖全国近70个城市，拥有3000余家零售药店，全国员工近2万名。

范式19：仓储商超（VPMsaid 一表通：P7）

【范式描述】

仓储式商场主要以批发销售为主，装修以最简方式，货物以堆放为主，超市则以零售为主，货品较仓储式丰富，装修更人性化。一般选址比较灵活，借助大型仓储资源，集中经营大众化的产品，并兼有一定批发功能，库存和销售是协同统一的。这种范式一般采用会员制，定期实行会员日活动，团购营销、单位营销是其主要的营销客户，特别是在城郊结合部，或者国外地广人稀的地方，这种商业范式非常受追捧。

仓储式超市与普通超市整体策划设计方面有明显不同。在线上销售兴起之后，零库存理念对仓储商超造成极大冲击，转向以个人消费为主，或直接转向物流配送。

【标杆典范】

麦德龙：麦德龙超市是一家零售批发超市集团，在麦德龙和万客隆（仅限欧洲）品牌旗下拥有多家麦德龙现购自运商场，是德国股票指数DAX的成分公司，世界500强之一，分店遍布32个国家。

麦德龙仓储式超市是将超市和仓储合而为一的零售业态。它省掉了传统零售企业独立的仓库和配送中心，经营中实现了快速补货，保证了超市低成本高效率的运作。

范式20：中心商城（VPMsaid 一表通：P8）

【范式描述】

依托于大型物业兴起的商场范式，商城汇集众多品牌产品，提供形态相同或各异的产品或服务，众多竞争品牌在细分领域市场寻找客户。中心商城主要设置在人流汇集区、办公汇集区等。

【标杆典范】

恒隆广场：恒隆广场是由香港恒隆地产在内地开发的品牌城市综合体项目。目前恒隆地产旗下在中国大陆地区有11个项目，分别位于上海、沈阳、济南、无锡、天津、大连、昆明、武汉。其中首个项目位于上海市静安区南京西路北侧的1266号，陕西北路与西康路之间。地上66层，288米，地下3层，裙房5层，占地30788平方米。设计公司为 Kohn Pedersen

Fox，流线型玻璃主体建筑，建成于2001年，建成时是中国上海浦西地区的第一高楼。包括写字楼和购物中心。

范式21：B2B、B2C（VPMsaid 一表通：P9）

【范式描述】

B2B：B2B是Business To Business（商家对商家）的缩写，代表企业与企业之间通过专用网络或互联网，进行数据信息的交换、传递，开展交易活动的商业范式。

B2C：B2C是Business To Customer（商家对顾客）的缩写，通过网络直接面向消费者销售产品和服务互联网零售。这种范式节省了客户和企业的时间和空间，大大提高了交易效率。

【标杆典范】

淘宝网（taobao.com）：淘宝网是中国深受欢迎的网购零售平台，目前拥有近5亿的注册用户，每天有超过6000万的固定访客，同时每天的在线商品数已经超过了8亿件，平均每分钟售出4.8万件商品。截至2011年年底，淘宝网单日交易额峰值达到43.8亿元，创造270.8万直接且充分就业机会。随着淘宝网规模的扩大和用户数量的增加，淘宝也从单一的C2C网络集市变成了包括C2C、团购、分销、拍卖等多种电子商务范式在内的综合性零售商圈。目前已经成为世界范围的电子商务交易平台之一。

慧聪网：慧聪网（HK02280）成立于1992年，是国内B2B电子商务服务提供商。

范式22：O2O、O+O（VPMsaid 一表通：P10）

【范式描述】

O2O即Online To Offline，指"在线离线"或"线上线下互联"，这个概念最早来源于美国。O2O 的概念非常广泛，既可涉及线上，又可涉及线下，线上线下充分融合，可以通称为 O2O。将线下的商业机会与互联网、移动互联网结合，使得互联网成为线下交易的平台，或将线上的虚拟展示转化成线下实体店的销售，两者之间互为依托。

【标杆典范】

探索中的医药 O2O 四大范式。

九州通的药急送范式：九州通旗下的好药师网上药店打头阵，其推出了基于微信开放平台的药急送业务，备受业界和投资者关注。好药师的微信药急送是一款与嘀嘀打车原理类似的应用，主打 30 分钟快速送药上门。

海王星辰的全覆盖 O2O：海王星辰不甘落后提出了全覆盖型 O2O 的战略规划，主打全国 1 小时快速配送，意欲革线下连锁店的命。

健一网的体验店范式：作为国内最大的中国网上药店，健一网在 2012 年就提出了体验店范式。

七乐康网上药店的 0+0：七乐康不按套路出牌，在别人高举 O2O 大旗的时候，其创始人却直言 O2O 是扯淡，他的跨界 0+0 才是王道。0+0 意指把线上、线下的资源整合打通，实现无界限。

范式 23：C2F（VPMsaid 一表通：P11）

【范式描述】

C2F，是 Customer To Factory 的缩写，指消费者通过互联网向工厂定制个性化商品的一种新型网上购物范式。C2F 相对 B2C、C2C 电子商务范式的优势更多，包括：价格便宜、个性定制、品质保证和交货周期快等。满足了不同人群、不同群体对不同商品的不同需求。

【标杆典范】

海尔的定制化冰箱：海尔内部已经把八个互联工厂进行开放，对海尔自身来讲效果很好。在用户端，消费者端定制占比已经到了10%，客户端的定制占比达到57%。生产效率提升了60%，周转天数缩减了10天。

范式24：微商、C2C（VPMsaid 一表通：P12）

【范式描述】

微商，英语名称 We business（全民创业）。微商是基于移动互联网的空间，借助于社交软件工具，以人为中心，社交为纽带的新型商业范式。中国电子商会微商专委会秘书长冯凌凛于2017年4月11日在第三届世界微商大会上对这一概念进行了补充说明，认为"微商=消费者+传播者+服务者+创业者"。

微商也有其他表述，简称为 Micronet，是指通过微信、微博、微网开展移动电商的小商家，利用社会化媒体的社交网络，开展一系列电商活动。微商货源主要有三种，代理、代购、自己进货。微商是由韩束CEO陈育新先生率先提出并倡导的新商业范式。

自淘宝和微博以后，越来越多的人开始发展微商，微商城、微店时时飘浮在营销人的嘴边。微商相对于传统的医药营销来说，其实就是一种"屌丝"经济。因为个体微商代理没有太多的条条款款的束缚，甚至没有任何门槛。只要你愿意，你就可以成为微商。微商成功一般依赖于经营者的社交粉丝量。

C2C：Customer（Consumer）To Customer（Consumer）的缩写，意思就是消费者个人与个人间的电子商务行为。

在微商范式下，朋友圈只是C2C（消费者与消费者）阶段的一个方面，微商、C2C 在产品的质量、品类的选择，物流、维权等方面均交由 B 端货物供应者（包括厂商、供货商、品牌商）来解决。当消费者使用企业的产品后，发觉价格、效果均不错，可以通过企业统一搭建的微信商城入口申请成为微客，微客可以分享商品链接到朋友圈、微博、QQ 空间等社交媒体上，实现基于熟人推荐方式的裂变式分销。同时，每一件由微客销售的商品，均可获得一定的分佣——优质正品+分佣奖励双重机制激发微客的分享动力。

【标杆典范】

微商大本营：微商大本营是集产品展示、卖家招商、微商培训、客户体验、微商论坛、推广策划、讲师资源、招聘应聘等为一体的门户网站，网站中汇集了优秀的微商人才资源、权威的培训讲师资源、火爆的微商产品资源、专业的营销策划资源，给微商们提供了一个纯净的探讨交流平台，一个集百家所长的资源共享平台，一个具有众多功能的综合门户网站。

第四节 市场营销方面的基本商业范式

市场营销（M，Marketing）是企业生存与发展的重要方面，又称作市场学、市场行销或行销学，MBA、EMBA等经典商管课程均将市场营销作为对管理者进行管理和教育的重要模块包含在内。

互联网时代，用户为王。谁掌控最终用户权，谁就能够向上重构整个产业链。用户区别于客户，客户是商业领域产品或者服务的购买者，用户付费才成为客户。只有尊重用户、吸引用户、满足用户需求，以市场为导向，以用户为中心，才能源源不断地发展客户，实现商业价值。

传统营销主要是指营销人员针对市场开展经营活动、销售行为的过程。营销的目的是产生可持续性收益，其本质是抓住消费者的需求，并快速把需求商品化，实现产品价值。

现代营销是在创造、沟通、传播和交换产品的全过程中，为顾客、用户、客户、合作伙伴以及整个社会带来经济价值的活动。

本书将营销划分为三个层次，包括消费者营销、终端营销和供应商营销。消费者是指个人，终端是指单位或机构，供应商指上游服务商。如在医药市场，就被划分为六大终端，包括：城市等级医院、县级医院、零售连锁药店、网上药店、城市基层医疗机构、农村基层医疗机构六个终端市场。

范式 25：面对面交流（VPMsaid 一表通：M1）

【范式描述】

面对面交流通过当面介绍推广产品，从而达成交易，是一种最基本、最古老，而又最贴近、最具体验感的营销范式。

互联网时代网络视频交流也属于面对面交流的新发展。

面对面交流范式的极端模式是"直销"模式，直销模式发端于美国，全称"多层次信息网络营销"（MLM：MULTI-LEVEL MARKETING），已经有 50 年历史了，目前是最为高级的宣传方式和营销方式。美国近乎所有大学都在讲授"网络营销学"，在国内往往被误认为传销。MLM 的魅力在于逐步取代中间商的位置，而使得商业活动的主体变成物流配送。当然 MLM 也有它的另一面，若被居心叵测的人建立并控制，这样的网络就会演变成入门费越来越高，下线分红越来越贴近最高层，下线的自由越来越受到限制，最后就会愈演愈烈酿成悲剧。这就是非法传销的由来。

国家对直销有严格的规范与管理，目前我国获牌直销企业有 91 家。

【标杆典范】

平安保险：中国平安拥有超过 160 万名员工和寿险销售人员。截至 2017 年 6 月 30 日，集团总资产达 5.98 万亿元，归属母公司股东权益为 4257.80 亿元。平安专注个人客户的经营，通过不同产品与服务间的交叉销售，让服务变得更加专业、便捷。2017 年上半年，集团个人客户数达 1.43 亿，较年初增长 9.3%；集团客均合同数 2.28 个，较年初增长 3.2%；集团实现客均利润 241.66 元，同比增长 18.5%。借助综合金融模式所吸引的优质客户群体，公司个人业务价值稳步提升。

强生制药、施贵宝：医药代表面对面拜访医生范式。2016 年，国家职业分类首次明确列入医药代表职业，表明医药代表是正规合法的职业。医药代表通过向医务人员介绍医药专业知识和收集临床资料，提供临床专业服务，是医学发展不可或缺的重要工作。

范式 26：口碑、广告（VPMsaid 一表通：M2）

索迪斯公司：通过视频直播厨房工作场景，让用餐者更加放心餐饮质量与安全。

【范式描述】

口碑传播是广告的高级形态，企业的品牌、声誉是深入消费者人心的决定性要素，良好的口碑是企业的生命。

广告是为了某种特定的需要，通过一定形式的媒体，公开而广泛地向公众传递信息的宣传营销模式。

传统广告投放平台包括电视、广播、报刊杂志三大媒介，新媒体平台有互联网、微信、手机、楼宇及户外灯箱广告等。

软文广告是广告的专业形态：软文是指把广告内容和文章内容完美结合在一起，让用户在阅读文章时，既得到了他需要的内容，也了解了广告的内容。很多媒体网站或者微博、微信大号，都是靠软文赚钱的。

【标杆典范】

上海黄金搭档生物科技有限公司：脑白金广告。从 2001 年起，铺天盖地的脑白金广告，成了一道电视奇观。其广告之密集，创造中国广告之最。一打开电视，总要跳出三两个人来，在那里反反复复地念叨。脑白金自 1997 年上市以来，已畅销中国一二十年；其脍炙人口的广告语"今年过节不收礼，收礼只收脑白金"家喻户晓，连续近 20 年荣获保健品单品销量第一。人们只记得脑白金产品，根本不会再去想生产企业是谁。

李宁公司：广告语"一切皆有可能"，脍炙人口。

北京同仁堂：口碑越传越好。

安利、天狮、如新、完美等公司采用直销的模式，取得了良好的口碑与效益。

范式27：身份、优惠（VPMsaid一表通：M3）

【范式描述】

"身份"范式是将客户作为某种特定的"成员"形态，统一在企业的客户分类中，为这些特定客户提供更为有效的增值服务，以产生更好的客户黏性，并以更高的效率管理和维护客户，从中获得直接或间接的商业价值回报的模式。

"会员制"是"身份"范式的特定模式，一种人与人或组织与组织之间进行沟通的媒介，它是由某个组织发起并在该组织的管理运作下，吸引客户自愿加入，目的是定期与会员联系，为他们提供具有较高感知价值的利益（归属感与特权优越感）。会员制营销目标是与会员建立富有感情的关系，通过"客户忠诚度计划"不断激发并提高会员的忠诚度。会员制组织与会员之间的关系通过"会员卡"来体现，会员卡是会员进行消费时享受优惠政策或特殊待遇的"身份证"。

"优惠"范式是对客户开展赠送小礼物、优惠券、打折卡等一系列小活动，以促进销售。"积分卡"是比较系统化的优惠模式，客户消费或使用某种服务达到一定的数量，就可以享受或获得较高价值的其他服务或产品。

【标杆典范】

阿里支付宝：阿里为支付宝用户（成员）提供免费的支付服务，一年仅沉淀资金就接近300亿，无偿使用这些客户的资金，可以带来巨大收益。由于支付习惯，支付宝用户将更倾向于在淘宝和天猫上购买产品，平台资金流水越来越多。

阿里还推出了"余额宝"，试图替代银行，谋取更大利益。难怪腾讯理财通也创新开发了微信支付新功能"零钱通"，要与阿里"余额宝"竞争。据微信支付介绍，零钱通功能与余额宝非常类似：用户可以将零钱通里的钱直接用于消费，例如转账、发红包、扫码支付、还信用卡等。同时，当资金放在零钱通里不被使用时，可以自动赚取收益。阿里未来还将利用支付宝成员开发信用征信业务，并进一步挖掘大数据产业。

沃尔玛：1996年8月，沃尔玛在中国深圳开办第一家山姆会员店。山姆会员店规定，消费者想要来购物，首先得交纳一定的会费，在成为会员后才有资格进入。个人会员可以办理一个主卡和两个副卡，费用分别为150元和50元。这家占地3.5万平方米、营业面积只有1.4万平方米、员工只有500人的深圳山姆会员店，1年创造了10亿元人民币销售收入的奇迹，并创下了全球山姆会员店单日销售额170万美元的最高纪录。当时，只要成为商家的会员，无论是缴费还是免费，都可以享受给予普通消费者商品价格上的折扣优势。会员在购物时可以凭会员卡享受5%至10%的优惠折扣，独享部分商品的购买权。而非会员消费者，不仅不能享受价格优惠，甚至没有购买部分商品的权利。以100元商品为例，会员购买比非会员购买节省十多元钱，两者之间的差距十分诱人，这无疑刺激了相当一部分消费者的参与欲望。

会员制营销之所以奏效，正是由于会员销售具有刺激消费、增加知名度、扩大人群宣传效应的作用，时至今日，在与人们息息相关的行业中，我们都会看到会员制的身影。

运用"积分卡"范式的企业比比皆是，如：航空公司里程积分、信用卡消费积分等。

范式28：名人、权威（VPMsaid 一表通：M4）

【范式描述】

利用"名人、权威"的影响力为主要营销手段的模式。

名人与权威具有独特的影响力，甚至是号召力。

【标杆典范】

姚明代言：由于独特的篮球地位与良好品行，众多厂商选择姚明拍摄广告和做企业代言人，获得了良好的回报。甚至中国篮球协会主席的头衔也非他莫属，期望他能够为中国篮球职业化做出更多贡献。

权威认证：美国FDA认证是药品行业的权威认证。只有通过美国FDA认证的药品，才能在美国以及国际上大多数国家销售。浙江海正药业股份有限公司的盐酸阿霉素（Adriacin Hydroclorideobj）原料药，通过了美国FDA认证，打开了国际医药市场。

早在2010年，养元公司就聘请了知名主持人陈鲁豫作为形象代言人，在央视《新闻联播》后的黄金时段投放广告。这一年，"六个核桃"的销售额超过10亿元。

范式29：学术营销推广（VPMsaid 一表通：M5）

【范式描述】

以对客户讲解原理、方法、数据、功能等专业知识为主要营销手段的模式。

【标杆典范】

强生制药：医药代表学术营销推广：向医生"讲药理、讲试验、讲前沿、讲方案、讲概念"，杜绝直接给医生现金处方费。

施贵宝：肺癌临床研究报告会。

丁香园：为广大医生提供网上专业临床文献参考。

范式 30：CSO（VPMsaid 一表通：M6）

【范式描述】

CSO 模式是国外制造业通过外包将营销专业化的一种商业实践，也是目前国际上广泛盛行的一种运营模式。CSO 是"合同营销组织"（Contract Sales Organization）的英文缩写。

两票制对于制药企业来说属于最无奈的应对之策，是放弃原有的底价大包式的营销模式，调高出厂价，走所谓"高开"路线；然后将虚高价格的收益，转移给各种第三方中介机构，诸如市场调研公司、咨询服务公司、技术援助公司等，再由这类机构以提供各种服务的方式，将此部分收益转移给医疗机构。这其中完全不出现药品购销发票，自然也就不会遭遇到两票制的管控。这类应对之策，业界称为 CSO 模式，即工业企业原本通过以"过票""到票""走票"为主营业务的医药商业企业，销售产品的底价模式必须转型为 CSO，仅收取营销服务费，而不能再像以前一样赚取产品差价。

【标杆典范】

香港亿腾医药（Eddingpharm）：内地总部设在上海，已经在全国组建了一支拥有 400 名专业销售人员的营销队伍，通过和约 60 家分销商合作，在全国拥有 23 个办事处，销售网络覆盖全国 1000 多家医院。

范式 31：返利（VPMsaid 一表通：M7）

【范式描述】

"返利"就是供货方将自己的部分利润返还给销售方的营销模式，它不仅可以激励销售方提升销售业绩，促进及时回款，而且还是一种很有效的针对销售方的控制手段。

【标杆典范】

某企业：医院返利制度。为了补偿医院运行经费不足，并与医院建立良好的长期合作关系，设计了规范的医院返利制度，形成了全国最大的医院销售网络。

范式32：集成服务（VPMsaid 一表通：M8）

【范式描述】

"集成服务"是整体打包一站式服务的模式。

【标杆典范】

国润医疗供应链服务（上海）有限公司：提供临床诊断试剂集成服务（IVD），针对医疗检验系统，向各类医学实验室快速有效地提供优质产品以及集约化、信息化、标准化的综合服务，以满足其对检验结果准确性和及时性的要求，并通过项目管理与增值服务增加客户黏性，争取最大份额。该项目符合医改关于"检验试剂集中采购，统一配送"的政策指引，是互联网信息技术在临床诊断试剂供应领域的集成应用。

范式33：付款信用（VPMsaid 一表通：M9）

【范式描述】

通过良好的付款信用，甚至现款采购，获得供应商的认可，获得供应商稳定优质货源的模式。

【标杆典范】

某企业：依托强大的资金实力，为供应商垫付资金，产生了良好的付款信誉，形成了全国最大的医药分销网络。与全球药品及医疗保健产品 50 强制造商中的 38 家以及 98 家国内百强制造商等上游客户建立了紧密、良好的业务合作关系。与广大信誉良好的国内外供应商、分销商保持密切业务合作，经营超过 9 万种不同类型的医药及保健商品。

九州通：运用现款购买厂家医药产品，快速批发给农村基层市场，形成了独特的"医药快批"商业模式。

范式 34：助销（VPMsaid 一表通：M10）

【范式描述】

利用下游客户资源与自身营销能力，帮助上游制造商销售产品，从而巩固与供应商的关系，并提高砍价能力与合作话语权的模式。

【标杆典范】

国药控股上海分销中心：运用全国分销网络与自身专业推广团队，赢得了倍他乐克等优质产品的独家代理权。

范式 35：信息反馈（VPMsaid 一表通：M11）

【范式描述】

运用现代信息技术，帮助供应商了解市场信息、产品信息、竞争信息，提高服务水平，增强竞争优势的模式。

【标杆典范】

国药控股上海医院供应链服务有限公司：为供应商提供专业的市场信息、产品信息、物流信息、竞争信息等整体服务。

范式 36：长期合同（VPMsaid 一表通：M12）

【范式描述】

与供应商签订长期合作协议，排他性独占或控制货源的模式。

【标杆典范】

某企业与西安杨森：工商联动，双方就采乐等产品签订了长期合作的战略框架协议。

第五节　客户服务方面的基本商业范式

VPMsaid 商业模式架构中的客户服务（s，Service），主要是基于主营业务的服务，可以是免费的增值服务，也可以是适当收费的有偿服务。也包括以服务为主营业务的企业范式，其无形的服务也是企业的产品，主要归类于企业价值方面（V）。

服务是指为他人做事，不以实物形式而以提供劳动的形式满足他人某种特殊需要，并使他人从中受益的一种有偿或无偿的活动。其所涉及的形式包括在为顾客提供的有形产品上所完成的活动，或在为顾客提供的无形产品上所完成的活动，以及无形产品的交付，为顾客创造氛围等。其特性表现为无形性、异质性、同步性和易逝性。

服务的目的是给用户带来更大的满足感。

美国市场营销学会 AMA 最先把"服务"定义为："用于出售或者是同产品连在一起进行出售的活动、利益或满足感。"从市场营销学的角度来讲，"服务"即是以劳务来满足生产者或消费者的需求。服务并非仅限于接受订单、送货、处理投诉以及维修，任何能提高顾客满意程度的项目都属于服务。营销大师李维特给"服务"下的定义是："能使顾客更加了解核心产品，或服务的潜在价值的各种特色行为和信息。"按照 ISO9000 标准的术语定义："服务是为满足顾客需要，供方和顾客之间接触活动以及供方内部活动所产生的结果。"服务是将商品和顾客联系起来的桥梁，是企业与顾客之间的情感纽带。服务即关心顾客，是在营销过程中了解顾客心理，采取有效的方式为顾客提供多种服务或劳务，从而打动顾客、使他们心情愉快，感觉舒适和便利，以满足其情感的需要，而不仅仅是提供单纯例行性的劳务。

服务也是用户在产品使用前后感到满意的一种"产品"。

服务包含于各种有形与无形产品之中，又是各种产品外在的有机形态。一件实体产品和一项服务之间唯一的差别，在于一项服务总不会变成一种物品的形态。经济学家萨伊认为："凡是存在效用，能使消费者得到满足的活动，比如工人轧钢、医生治病等，都是生产性的。"某项产品从狭义的角度来看，只是一组实体性和非实体性的具有物理和化学属性并以某种形式聚合而成的集合；从广义的角度，也就是从市场营销的观点看，产品除了实体属性组合之外还是买主所接受的可以满足的欲望和需要。营销服务是非实体性的，即"商品＝产品实体＋服务"。如果商品的实体部分性能相同，但随同产品提供的服务不同，那么从顾客的角度看则是两种不同的产品，它们在满足顾客需要的程序上有差别，因而销量也会不一样，消费者所考虑的不仅仅是产品本身，而且包括了所能获得的全部附加服务和利益。

服务业，指利用设备、工具、场所、信息或技能为社会提供服务的业务，包括代理业、旅店业、饮食业、旅游业、仓储业、租赁业、广告业和其他服务业。服务业概念在理论界尚有争议。一般认为服务业即指生产和销售服务产品的生产部门和企业的集合。服务产品与其他产业产品相比，具有非实物性、不可储存性和生产与消费同时性等特征。在我国国民经济核算实际工作中，将服务业视为第三产业，即将服务业定义为除农业、工业之外的其他所有产业部门。

现代服务业大体相当于现代第三产业。国家统计局在1985年《关于建立第三产业统计的报告》中，将第三产业分为四个层次：第一层次是流通部门，包括交通运输业、邮电通信业、商业饮食业、物资供销和仓储业；第二个层次是为生产和生活服务的部门，包括金融业、保险业、公用事业、居民服务业、旅游业、咨询信息服务业和各类技术服务业等；第三个层次是为提高科学文化水平和居民素质服务的部门，包括教育、文化、广播电视事业、科研事业、生活福利事业等；第四个层次是为社会公共需要服务的部门，包括国家机关、社会团体以及军队和警察等。

服务伴随着商业形态出现的第一天起就已经开始呈现，服务范式是成熟商业模式的助推引擎。本节将客户服务划分为场景、体验和顾问三个维度，服务的优劣与客户满意度取决于是否"专业"和是否"贴心"。

布置场景，是为消费者构建一个体验的现实或虚拟空间，满足其听觉、味觉、视觉、嗅觉等多方面需求。《场景革命》为我们描绘了正在发生的商业革命，"空间链接"变成了新场景的定义指导。团购场景、打车场景的背后隐含了移动互联时代生活方式和消费形态的升级，O2O反映的是以人为中心的链接逻辑，网络环境和生活空间正不断融合，带来新的跨界，从而定义全新的场景，也帮助我们创造全新的品类。

增强体验，是以人为本的商业创新形式，为消费者构建一个贴心的主观感受，形成纯粹的心理认同。伴随着互联网技术的进步，体验经济已经成为重要的发展领域。《体验经济（更新版）》的作者是B. 约瑟夫·派恩（美），该书主要介绍了体验经济的升级发展之路。由于苹果公司的惊人成功，"体验"一词已由学界和企业界进入广大消费者的视野，"消费者体验"的强大力量也促使大家重新审视比"体验营销"意义更为宽广的"体验经济"。

也许你正身处于工业制造业之中，你可能会身不由己地"初级产品化"，压榨供应商，绕开中介，工作外包，优化流程，以降低成本，从而更有效地以产品为中心开展价格战。这是一条无可奈何的道路，出路就在于"体验化"，从产品经济上升到服务经济，并进一步到达体验经济。

顾问范式，指在所提供的产品或者服务领域，为客户提供专业的咨询与指导，或系统的解决方案，使其成为消费者选择的重要依赖对象和参考依据。

范式37：环境布置（VPMsaid 一表通：s1）

【范式描述】

通过环境设置，让消费者置身一个独特的环境（场景），通过环境场景的变化，为其提供系列服务。

【标杆典范】

心理医生的治疗环境（安静、柔和）、各种主题餐厅（江晓月餐厅、上上谦餐厅）等。

星巴克消费升级引领餐饮品牌场景革命：

"星巴克臻选·北京坊旗舰店"是星巴克除了"上海全球烘焙工坊"之外面积最大的门店，总面积达1040平方米，位于前门的北京坊商圈，毗邻历史文化街区大栅栏。这家门店分为三层，每层设置不同的吧台，以此对星巴克产品进行区分，这种设计也是星巴克的又一次创新尝试。

门店一层是星巴克咖啡吧台及星巴克周边产品展示区，主要售卖和展示星巴克咖啡产品及其制作过程，消费者可以直观地看到黑鹰半自动浓缩咖啡机以及雅致手冲、经典手冲、虹吸、冷萃、气致冷萃、法压等不同的咖啡煮制方式。二层是星巴克旗下高端茶品牌茶瓦纳（Teavana）茶饮空间，除了传统的单一品种茶，这层吧台还加入了新的冲煮方式、手工调制的茶饮产品、气致茶饮以及蒸汽朋克冲煮系统等。值得一提的是，北京坊旗舰店首次提供了酒类饮品。三层特意打造了首个独立的品酒空间，主打精酿啤酒、小众葡萄酒和以咖啡为灵感而来的鸡尾酒等各类特调饮品，也为大家提供了又一会友聊天的夜生活新选择。

北京坊旗舰店门店的装修设计也融入了很多北京文化和元素，通过不同楼层独立空间的设计打造了一家可以让消费者"从早喝到晚"的门店。

范式 38：音乐（VPMsaid 一表通：s2）

【范式描述】

各类音乐可以产生不同的效果，依托主题音乐，将客户带入一个适合于交流和决定购买的境地，同时也提升了企业的档次与形象。

【标杆典范】

五星级酒店的现场钢琴演奏、购物商场中的背景音乐等。

庆典中常常洋溢着欢乐颂，殡仪馆总是悲哀之调，书店只适宜舒缓的轻音乐。像硬石摇滚、布鲁斯之屋或中世纪时光等餐厅，只要听听名称你就能知道里面有什么节目。

范式 39：透明展示（VPMsaid 一表通：s3）

【范式描述】

将产品或者服务通过展示吸引客户，使客户更加了解企业与产品。包括传统的橱窗展示、展会展台、虚拟展示等各种形式。

【标杆典范】

巴黎时装秀、各类车展等。

世博会是全球最大的站台展台。世界博览会分为两种形式：一种是综合性世博会，另一种是专业性世博会。世博会是一项由主办国政府组织或政府委托有关部门举办的有较大影响和悠久历史的国际性博览活动。参展者向世界各国展示当代的文化、科技和产业上正面影响各种生活范畴的成果。

2010年的中国上海世界博览会（Expo 2010）是第41届世界博览会，主题为"城市，让生活更美好"，于2010年5月1日至10月31日在中国上海市举行。此次世博会也是中国举办的首届世界博览会。本次博览会总投资达450亿元人民币，创造了世界博览会史上最大规模纪录。同时7308万的参观人数也创下了历届世博会之最。

范式40：整体服务（VPMsaid一表通：s4）

【范式描述】

对客户的各种需求进行分析与整合，形成完整的全过程的服务方案，使客户感到方便、快捷、贴心。

【标杆典范】

日本的医院，病人住院以后就不允许家属陪护了。患者的餐饮、洗浴、锻炼等活动，全部由护士提供整套服务。

范式41：个性化服务（VPMsaid一表通：s5）

【范式描述】

根据用户的私人需求，制定解决方案，为用户提供或者推荐不同的信息与体验，满足用户需求。

【标杆典范】

服装领域的淘品牌"七格格",每次的新品上市,都会把设计的款式放到其管理的粉丝群组里,让粉丝投票,其群组有近百个QQ群,辐射数万人,这些粉丝决定了最终的潮流趋势,自然也会为这些产品买单。

范式42:亲切、可信(VPMsaid 一表通:s6)

【范式描述】

建立起信任的渠道和连接方式,将消费者构置在一个心理放松的场景中,随心所欲地去选择可以实现其需求的产品或者服务。

【标杆典范】

美国强生(Johnson&Johnson)成立于1886年,是世界上规模最大的产品多元化的医疗卫生保健品及消费者护理产品公司。公司口号"因爱而生"深得人心,并位居全美十大最令人羡慕的公司之列。强生作为一家国际性大型企业,在全球57个国家建立了230多家分公司,拥有11.6万余名员工。旗下拥有强生婴儿、露得清、可伶可俐、娇爽、邦迪、达克宁、泰诺等众多知名品牌。

范式43:方便、快捷(VPMsaid 一表通:s7)

【范式描述】

通过新技术手段,建立起随时随地的服务能力,以便捷地满足消费者的消费需求。

【标杆典范】

共享单车:提供分时租赁服务。提供商在不同的交通点,如社区、商业网点、地铁站、公共交通站、居民区等提供单车共享服务。消费者使用移动互联网技术,随时随地获取自行车服务,使得交通出行更加便利。

Handybook 公司：提供定制化家务服务：比如打扫房间，维修家电，所有服务都可以通过移动 App 轻松搞定。Hanrahan 表示："我们成立 Handybook，就是想帮助你解决家务服务的难题，而且我们可以提供远程服务，管理这些服务。"每周 Handybook 的预订数量都超过 1 万单，据该公司透露他们的增长率保持在 20%。

顺丰快递：顺丰为餐饮外卖、商超、生鲜、蛋糕、鲜花及类似行业提供围绕店铺周边 3 或 5 公里内的同城专人即拿即送服务。

范式 44：特色（VPMsaid 一表通：s8）

【范式描述】

提供独有的、他人无法仿制的产品或服务。在某一个领域，实现了独有的特征。

【标杆典范】

上海的"葱油饼爷叔"、芝加哥律师弗雷德、卡拉马祖机场擦鞋匠亚伦的工作或许很普通，但你只要见识过一次就会牢牢记住他们。他们充满目的感的个性化服务转变成了对自身角色的热情、对企业的关注以及对顾客的投入。

迪士尼乐园用演职人员来代指所有员工。当企业能够把公司内每个员工的职责视为角色扮演时，这些角色就会成为营造动人体验的一种手段，让顾客感受到特有的服务。

范式 45：健康（VPMsaid 一表通：s9）

【范式描述】

健康顾问，即健康咨询专家或机构提供专业的健康服务：在全民大健康时代，抓住健康需求，包括疾病治疗、慢病管理、养老养生、康复护理等，站在客观、中立的立场上，为消费者提供健康咨询方案与健康服务，包括身体、心理等健康咨询与专业服务。

【标杆典范】

上海医药公司与万达信息公司开展合作，以处方药O2O为切入口，设立上海医药大健康云商股份有限公司，打造"电子处方""药品数据""患者数据"三大平台，提供线上解决方案、处方药购买和全面的长期健康管理服务，试图实现服务贸易一体化、医院处方无缝衔接、医生患者全程互动、线上线下相互融通。相较现有处方药电商范式，上海医药拥有较为庞大的线下网点布局，凭借医院供应链服务外包项目推行，在医院处方管理、对接HIS系统等方面具有丰富经验；旗下DTP业务在高价自费药领域处于行业领先地位。其《基于互联网+的组织运营变革》项目，再次荣获"中国医药人力资源十大特色案例"奖，在互联网人力资源管理管理领域已经有所突破。

范式46：理财（VPMsaid一表通：s10）

【范式描述】

理财顾问：对客户的财务状况进行客观的评估，依照客户的消费特征和对财富风险度的好恶，进行全方位的评估，掌握客户的理财目标和需求，为客户提供理财建议。

理财（Financing），指的是对财务（财产和债务）进行管理，以实现财务的保值、增值为目的。理财分为公司理财、机构理财、个人理财和家庭理财等。人类的生存、生活及其他活动离不开物质基础，与理财密切相关。"理财"往往与"投资理财"并用，因为"理财"中有"投资"，"投资"中有"理财"。所谓的理财也不仅仅是把财务往外投，被投资也是一种理财。

个人理财兴起于美国的20世纪90年代初，成熟于90年代末，经过10余年的发展，独立理财顾问已经成为一个新兴的职业。而我国居民储蓄额已超过10万亿元。据专业理财网站的调查，有78%的被调查者对理财服务有需求；50%以上的人愿意为理财服务支付费用。未来10年里，我国个人理财市场将以年均30%的速度高速增长，将成为继美国、日本和德国之后个人理财市场极具潜力的国家。专家介绍，按照1个理财顾问服务100人估算，国内理财顾问的缺口至少10万人。

【标杆典范】

支付宝（中国）网络技术有限公司：该公司是国内领先的第三方支付平台，致力于提供"简单、安全、快速"的支付解决方案。支付宝公司从2004年建立开始，始终以"信任"作为产品和服务的核心。旗下有"支付宝"与"支付宝钱包"两个独立品牌。自2014年第二季度开始成为当前全球最大的移动支付厂商。

支付宝主要提供支付及理财服务。包括网购担保交易、网络支付、转账、信用卡还款、手机充值、水电煤缴费、个人理财等多个领域。在进入移动支付领域后，为零售百货、电影院线、连锁商超和出租车等多个行业提供服务。还推出了余额宝等理财服务。

范式47：教育（VPMsaid一表通：s11）

【范式描述】

教育顾问：为提升学生某一领域的发展特长，开展教育培训服务。以提升学习技能和学习习惯为主要特征，通过学习方法、知识输出等，为学生提供解决方案。

一系列最佳实践证明，企业大学是比较完美的人力资源培训体系，是比较有效的学习型组织实现手段，更是公司规模与实力的有力证明。企业大学又称公司大学，是指由企业出资，以企业高级管理人员、一流的商学院教授及专业培训师为师资，通过实战模拟、案例研讨、互动教学等实效性教育手段，以培养企业内部中、高级管理人才和企业供销合作者为目的，满足人们终身学习需要的一种新型教育、培训体系。

在美国的上市公司中，拥有企业大学的上市公司平均市盈利比没有企业大学的市盈利明显要高。自1956年，全球第一所企业大学——通用电气公司克劳顿学院正式成立，企业大学在全球迅速崛起。从20世纪80年代开始，企业大学进入快速发展期，全球企业大学从20世纪80年代中期的400多所到2010年达到3700所，《财富》杂志评选的世界500强中近80%的企业，拥有或正在创建企业大学。

【标杆典范】

阿里商学院：阿里商学院是中国互联网第一家企业学院，于2004年成立。在不断的探索与实践中，阿里商学院已经形成了由现场授课、在线教学和顾问咨询构成的立体教学体系，并在教学中注重与学员的互动。截至2010年底，共有近万名大学生和社会人士参加培训，成为优秀的电子商务人才，并被输送至阿里巴巴会员企业就业。

范式48：旅游（VPMsaid一表通：s12）

【范式描述】

旅游顾问：2008年由西方进入中国，目前在国内还是新兴行业，从事该行业的还是以旅行社为主流，也有部分个人参与。国内目前将销售人员划归为旅游顾问。

旅游顾问大致服务内容有以下几项：

1. 提供旅游景点、旅游商品、当地美食的指导。

2. 提供旅行者在旅游地的时间及财务预算计划。

3. 为旅行者提供酒店预订、旅行社预订，以及部分客人要求的专车预订。

4. 宗旨：让旅行者在旅游地以最合理的预算、最自由的方式，玩到最多景点，了解更多的当地风俗。

【标杆典范】

中国国旅总社：该社成立于1954年，为国家统计局公布的"中国企业500强"，是500强中唯一的旅游企业，现为中国国旅股份有限公司旗下两大企业之一。国旅集团上海有限公司，是中国国旅总社在上海的唯一的一家全资公司。简称中国国旅（上海）或国旅上海公司。注册资本5000万元人民币。公司连续多年荣获全国国际旅行社百强企业、上海市旅游委文明单位、国旅集团先进企业、国旅总社先进企业称号。2003年公司通过ISO9001－2000国际质量体系认证。公司曾被国务院国资委授予"优质服务明星单位"光荣称号，是亚太旅游组织成员、国际航协会员。

公司拥有中国驰名商标："国旅""CITS"；央企上市公司，股票代码601888；2013年中国品牌价值500强企业第50位（品牌价值308.92亿元），中国旅游服务行业排名第一；连续多年位列全国百强国际社。

第六节 公司管理方面的基本商业范式

公司管理（a，Administration）是企业的软实力，也是商业模式的重要方面。如果说产品、营销与服务是客户可以看见和感受到的价值，那么，管理就是商业模式中难以看见和感受到的价值。管理往往体现在企业内部，被广大员工所遵循与执行，反映在工作效率、盈利水平、员工满意度和忠诚度上。

管理缺位的商业模式，是难以起步的。假如公司有出色的产品，但没有交通费用报销制度，销售员就无法出门拜访客户。如果要求员工以销售提成作为工资，则大部分销售人员就要另谋出路了。

管理无小事。管理模式要考虑管理的宽度与深度，不仅是全方位细节管理，还是战略管控型财务管理，需要切合企业发展阶段与资源能力。

管理靠人治还是靠制度？这是个问题。有人认为制度是死的，人是活的。有的领导平时强调制度，但一牵涉到个人或小团体利益，就会诟病制度，用权力替代制度。这是非常可悲的，既损害了公司的整体利益，又不得人心，搞不好还会翻船。

真正的现代公司治理文明，应该是靠管理机制，形成活的制度。好的机制激发个人潜力与贡献，庸人变强人。坏的机制引发懒惰与保守，能人变废人。

对商业模式的管理方面，本书将从组织、运营、机制三个层面介绍基本范式。

范式49：高效能架构设置（VPMsaid一表通：a1）

【范式描述】

组织的架构设置是企业部门设置、流程运转及职能职责等组织整体的结构设计，常见的组织架构形式包括中央集权制（直线式）、分权制（职能式、事业部）以及混合制（矩阵式、项目组）等。管理幅度越宽，需要的职能部门就越多，子公司层级越多，管理的深度越长。扁平化与高效职能组织是大型集团企业追求的基本目标，旨在降低成本，提高效率。

直线制：直线制是一种最早也是最简单的组织形式。它的特点是企业各级行政单位从上到下实行垂直领导，下属部门只接受一个上级的指令，各级主管负责人对所属单位的一切问题负责。厂部不另设职能机构（可设职能人员协助主管人工作），一切管理职能基本上都由行政主管自己执行。

职能制：职能制组织结构，除各级行政单位主管负责人外，还相应地设立一些职能机构。如在厂长下面设立职能机构和人员，协助厂长从事职能管理工作。这种结构要求行政主管把相应的管理职责和权力交给相关的职能机构，各职能机构就有权在自己业务范围内向下级行政单位发号施令。因此，下级行政负责人除了接受上级行政主管人指挥外，还必须接受上级各职能机构的领导。

直线—职能制：直线—职能制也叫生产区域制，或直线参谋制。它是在直线制和职能制的基础上，取长补短，吸取这两种形式的优点而建立起来的。目前，我国绝大多数企业都采用这种组织结构形式。这种组织结构形式是把企业管理机构和人员分为两类：一类是直线领导机构和人员，按命令统一原则对各级组织行使指挥权；另一类是职能机构和人员，按专业化原则，从事组织的各项职能管理工作。直线领导机构和人员在自己的职责范围内有一定的决定权和对所属下级的指挥权，并对自己部门的工作负全部责任。而职能机构和人员，则是直线指挥人员的参谋，不能对直接部门发号施令，只能进行业务指导。

事业部制：事业部制是分级管理、分级核算、自负盈亏的一种形式，最早是由美国通用汽车公司总裁斯隆于1924年提出的，故有"斯隆模型"之称，也叫"联邦分权化"，是一种高度（层）集权下的分权管理体制。一个公司按地区或按产品类别分成若干个事业部，从产品的设计、原料采购、成本核算、产品制造，一直到产品销售，均由事业部及所属工厂负责，实行单独核算，独立经营，公司总部只保留人事决策、预算控制和监督大权，并通过利润等指标对事业部进行控制。

模拟分权制：这是一种介于直线职能制和事业部制之间的结构形式。许多大型企业难以分解成几个独立的事业部。又由于企业的规模庞大，以致高层管理者感到采用其他组织形态都不容易管理，这时就出现了模拟分权组织结构形式。所谓模拟，就是模拟事业部制的独立经营、单独核算，而不是真正的事业部，但这些单位有自己的职能机构，享有尽可能大的自主权，负有"模拟性"的盈亏责任，目的是要调动他们的生产经营积极性，达到改善企业生产经营管理的目的。

矩阵制：在组织结构上，把既有按职能划分的垂直领导系统，又有按产品（项目）划分的横向领导关系的结构，称为矩阵组织结构。矩阵制组织是为了改进直线职能制横向联系差、缺乏弹性的缺点而形成的一种组织形式。它的特点表现在围绕某项专门任务成立跨职能部门的专门机构上，例如组成一个专门的产品（项目）小组去从事新产品开发工作，在研究、设计、试验、制造各个不同阶段，由有关部门派人参加，力图做到条块结合，以协调有关部门的活动，保证任务的完成。这种组织结构形式是固定的，人员却是变动的，需要谁，谁就来，任务完成后就可以离开。项目小组和负责人也是临时组织和委任的。任务完成后就解散，有关人员回原单位工作。因此，这种组织结构非常适用于横向协作和攻关项目。

扁平制：现代管理学对扁平化组织结构的定义是，通过减少行政管理层次，裁减冗余人员，从而建立一种紧凑、干练的组织结构。

阿米巴组织：适应阿米巴经营的组织形态。阿米巴经营是把公司分成若干个小阿米巴，以领导为核心，全体成员共同参与经营，通过会议通报等形式向全体员工公开有关阿米巴以及公司的经营情况等重要信息。通过尽可能地公开企业信息，营造全体员工主动积极参与经营的氛围，体现"人人都是经营者"这一经营原则，最终使全体员工共同参与经营成为可能。

阿米巴组织划分抛开"行政组织架构"的固有观念，每个阿米巴组织都为"利润"负责，而不是只对"动作"负责，将经营压力释放到每个阿米巴组织之中，真正培养具有经营意识的人才。阿米巴组织实施独立核算，成本和盈利意识极强，很容易迅速成长起来。阿米巴组织把企业整体划分为一个个能够自主经营、独立核算、自负盈亏的小阿米巴组织（见表2-2）。

【标杆典范】

海尔：组织重构，把过去的串联组织变成并联组织，借鉴阿米巴经营理念，使得组织扁平化、去中心化、去中介化，搭建起共创共赢的生态圈。

某企业：混合所有制集团式多层级战略与运营管控"直线-职能-项目"制综合组织形态，国有资本+民营资本，20个职能部门架构（公开资料）（见图2-2）。

表 2-2 传统行政组织架构与阿米巴组织架构比较

比较项目／组织类型	传统行政组织架构	阿米巴组织架构
层次与幅度	层次多、幅度窄	层次少、幅度宽
权力结构	较集中、等级	分散、多样化
等级差异	不同等级差异大	不同等级差异较大
沟通方式	上下级之间，沟通距离长	上下级之间、平级斜向沟通
职责	附加于具体的职能部门	很多成员共同分担
通信方式	传统通信方式	现代网络化通信方式
协调	明确地规定管理程序	手段多样、注重直接沟通
持久性	倾向于固定不变	持续地适应最新情况
适用环境	较稳定	快速变化
企业驱动力	高层管理者驱动	市场需求驱动

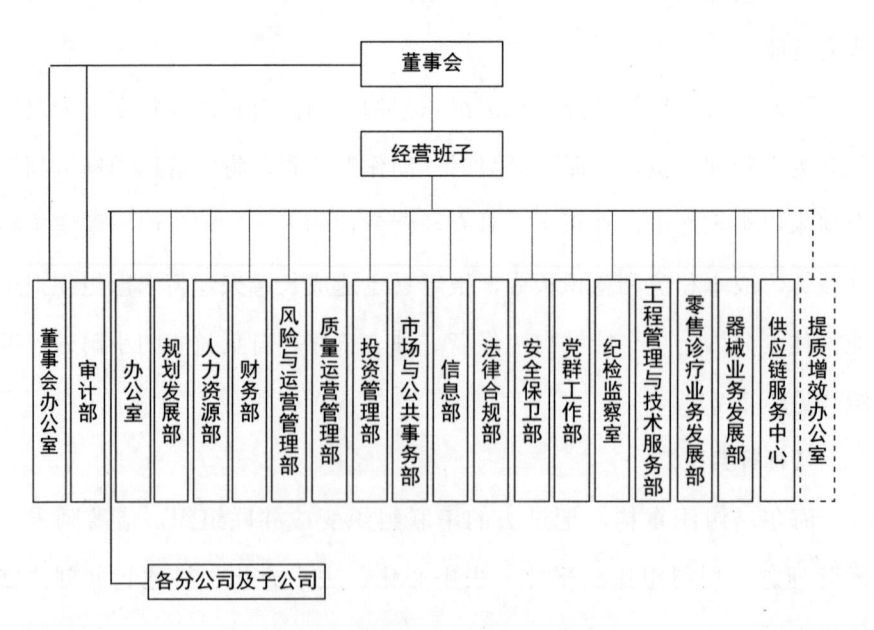

图 2-2 某集团公司总部组织架构

范式 50：岗位与权限匹配（VPMsaid 一表通：a2）

【范式描述】

岗位与权限匹配范式要求责任与权力相配，是现代企业最基本的组织管理模式，也是最难做到的。有的企业经理层头衔高得吓人，总监、高级经理一大堆，实际无下属团队、无分毫权限；有的企业行政助理、秘书却具有人事、财务审批大权。

【标杆典范】

中美上海施贵宝：20 世纪 90 年代，施贵宝对市场部与销售部经理制定了严格的岗位职责，同时给予国内难以想象的实际用人权与财务权，在这样的制度安排下，企业经营取得了高速的发展，短期内赢得了中国市场。

范式 51：有效沟通（VPMsaid 一表通：a3）

【范式描述】

管理就是沟通，沟通就是要通，不能沟而不通。"有效沟通"范式是一种重视沟通、及时沟通、艺术沟通、出思路、见成果的低成本模式。

常见沟通方式包括面对面沟通、电话、微信、会议、视频、讲话、演说等各种方式。

【标杆典范】

日本、韩国：下班以后的聚会酒文化，降低了团队的摩擦与损耗，减轻了生活压力，提高了工作效率。

某企业大学：通过微信公众号发布教育培训信息，提高了信息交流的及时性与广泛性。

京东：在一次京东高层会议上，刘强东明确表示，聘用职业经理人是来执行战略的，不是来研讨战略的。这次讲话，为刘强东快速推动自建物流战略奠定了基础，赢得了新的市场空间。

范式52：组织化营销体系（VPMsaid一表通：a4）

【范式描述】

企业发展，营销是龙头，但营销不仅仅是营销部门的事。组织化营销体系是由总经理挂帅，各部门、各岗位都树立"一切为了营销、一切服务营销"的理念，与营销部门相互支持、有机协同，共同完成营销目标的模式。

【标杆典范】

红雨医药：董事长、总经理亲自抓外贸与内销，从生产到财务，全力配合营销、服务营销，业务增长年年超过30%。

范式53：流程再造（VPMsaid一表通：a5）

【范式描述】

关注产品从研发到生产、从生产到营销的各个环节是否有机链接，控制产品是否用了最低资源消耗方式，这种产品周期逻辑链条的完善与优化创新就是流程再造模式。

【标杆典范】

丰田精益生产：被认为是21世纪最先进的业务管理模式。这种强调流程设计，以更少的人力、更少的空间、更少的投资和更短的时间，满足客户需求的业务管理方法，使其首创公司丰田汽车成为行业领袖，也惠及所有后来引进此模式的中外企业。这些企业实现了管理的巨大飞跃，在提升或保持客户满意率的情况下，仅投入一半的资金和人力。而精益模式对企业的利益，还远不限于这些明确的财务数字，它从降低成本、提升质量、缩短交期、改善安全、提升士气五个方面全面提升企业的核心竞争力。

范式54：质量追求（VPMsaid 一表通：a6）

【范式描述】

对产品与服务质量以高标准、严控制为特色的商业模式。质量是产品的生命。质量管理是指确定质量方针、目标和职责，并通过质量体系中的质量策划、控制、保证和改进来使其实现的全部活动。

【标杆典范】

GE总裁韦尔奇先生推行 6σ（西格玛Sigma）全面质量管理：从一种管理方法演变成为一个高度有效的企业流程设计、改善和优化技术，并提供了一系列同等地适用于设计、生产和服务的新产品开发工具。继而逐步发展成为以顾客为主体来确定企业战略目标和产品开发设计的标尺，追求持续进步的一种质量管理哲学。

"σ"是希腊字母，是用来衡量一个总数里标准误差的统计单位。一般企业的瑕疵率大约是3到4个西格玛，以4西格玛而言，相当于每100万个机会里，有6210次误差。如果企业不断追求品质改进，达到6西格玛的程度，绩效就几近于完美地达成顾客要求，在100万个机会里，只找得出3.4个瑕疵。

上海医药DTC/DTP药房：DTC/DTP与一般的社会药房不同的重要特点之一，就是需要完整的冷链药品质量管理体系，并且这个体系是从药品的采购、仓储、一直延伸到病人的手上。针对高价值冷链药品的特点，上海医药仓储和配送的软硬件，比传统药品零售企业标准更高，确保了药品与服务的高质量。

范式 55：财务管理（VPMsaid 一表通：a7）

【范式描述】

通过科学的财务制度与财务活动，实现企业盈利与发展的模式。

财务管理（Financial Management）是在一定的整体目标下，关于资产的购置（投资）、资本的融通（筹资）和经营中现金流量（营运资金）以及利润分配的管理。财务管理是企业管理的一个组成部分，它是根据财经法规制度，按照财务管理的原则，组织企业财务活动，处理财务关系的一项经济管理工作。

【标杆典范】

沃博联战略性投资国大药房：国药控股（000028，SZ）2017 年 11 月 30 日发布公告，子公司国药控股国大药房有限公司引入一名战略投资者——Walgreens Boots Alliance（Hong Kong）Investments Limited，投资金额将达 27.67 亿元，出让股权比例为 40%。这家战略投资者正是全球最大的医药零售商——沃博联，沃博联旗下有沃尔格林、杜安雷德、博姿、联合医药等医药流通和零售品牌，其年度营收高达 1182 亿美元。强强联合，也让行业对国大药房未来的发展潜力充满了憧憬。

范式 56：HR 开发（VPMsaid 一表通：a8）

【范式描述】

以人为基础，挖掘潜力、培养能力，促进企业发展的模式。

"人"是组织最重要的资产，也是竞争力的关键因素。"人力资源"这一概念早在 1954 年就由彼得·德鲁克在其著作《管理的实践》中提出并加以明确界定。20 世纪 80 年代以来，人力资源管理理论不断成熟，并在实践中得到进一步发展，为企业所广泛接受，并逐渐取代人事管理。进入 20 世纪 90 年代，人力资源管理理论不断发展，也不断成熟。人们更多地探讨人力资源管理如何为企业的战略服务，人力资源部门的角色如何向企业管理的战略合作伙伴关系转变。战略人力资源管理理论的提出和发展，标志着现代人力资源管理进入新阶段。

【标杆典范】

企业大学：现代企业注重员工教育培训，阿里湖畔大学注重失败案例教训，国药大学注重培养学习型组织，AZ 大学倡导创新与改善绩效。

范式 57：创新体系（VPMsaid 一表通：a9）

【范式描述】

一种有利于企业创新发展的组织结构和制度安排，是创新机制设计的商业模式。

何谓创新？创新就是整合——对生产要素和生产条件进行新的组合，建立新的系统。改革并不是改变现有的东西，而是创造目前没有的东西。组织必须下定决心，抛弃那些现在正在做，而对未来是没有意义的事情（Harvard Business Review）。

企业竞争力研究中心执行秘书长傅志山认为：竞争力，用最通俗的方式表达，就叫绝招。企业有没有绝招，很大程度上表现为企业有没有竞争力。绝招是要练的，绝就是独创性，就是企业的创新能力。

【标杆典范】

3M：全面促进创新进步机制值得借鉴，其有效管理举措如下：

1. 鼓励科技人员把工作时间的 15％用在自己选择和主动提出的计划上，鼓励未经规划、可能意外成功的实验和发明；

2. 规定每个部门前 5 年推出的产品和服务产生的营收应占年度营收的

25%以上，鼓励继续不断开发新产品；

3. 颁发进步奖给负责在 3M 公司内部取得创新事业成功的人，刺激内部创业精神和冒险精神；

4. 颁发创世纪奖金给内部创业投资基金，分配给开发原型及做市场试销的研究人员，一笔最多给付 5 万美元支持内部创业精神与实验新构想；

5. 颁发科技共享奖给开发出新科技并且成功地和其他部门共享的人，促进技术与构想的传播；

6. 创新人员入选卡尔顿学会、荣誉科技社团，承认他们在 3M 公司内部杰出、有创见的科技贡献，刺激内部科技与创新；

7. "自营事业"机会：3M 人成功推出一种新产品后可以得到机会把这种产品视为自有的计划，由部门来经营刺激内部创业精神。

范式 58：奖罚分明（VPMsaid 一表通：a10）

【范式描述】

对企业有贡献就奖励，对企业有损害就处罚的管理机制模式。

奖励与处罚是对企业正常运营与高效发展有效的手段。奖励是对团队或个人的一种"刺激"，使得他们得到一种精神鼓舞或动力。处罚也是对团队或个人的一种"刺激"，使得他们遭受精神打击或经济损失。

【标杆典范】

诺贝尔奖是对人类文明最有贡献的奖励，广岛原子弹是对人类罪恶最有效的处罚。

欧美企业：奖励形式多样，包括现金、度假、股票等。美国密歇根大学管理学教授蒂希说："20 世纪最伟大的两位公司领导人是通用汽车公司的斯隆和通用电气公司的韦尔奇。韦尔奇可能比斯隆更伟大，因为他为他的公司确立了一套将成为 21 世纪公司仿效的现代管理新模式。"这种企业管理新模式就是积极引入提高质量计划，把发放优先认股权作为奖励措施，从而使通用电气迅猛发展。

反面案例：多位央企高管因涉嫌严重违纪违法，或被判刑，或被降职解职。

范式 59：合作共赢（VPMsaid 一表通：a11）

【范式描述】

合作是人类生态的基本形态，也是商业领域的普遍模式，是个人与个人、群体与群体之间为达到共同目的，彼此相互配合的一种联合行动、方式。通常有资本合作（合伙做生意）、股权合作（参股）、技术合作、项目合作、战略合作、政府合作等形式。

【标杆典范】

PPP（Public-Private Partnership）：即政府和社会资本合作，是公共基础设施中的一种项目运作模式。在该模式下，鼓励私营企业、民营资本与政府进行合作，参与公共基础设施的建设。中国的高速公路项目很多就是采用的 PPP 模式。

三明模式：将三明地区与其他地区的医药采购联合起来，形成集团集中采购组织（GPO），与供应商谈判，降低药品采购价格，有效降低了药品采购成本，支撑了医保资金的高效使用。

范式 60：晋升公平（VPMsaid 一表通：a12）

【范式描述】

晋升公平是一种"能者上，庸者下"、任人唯贤、公开公正的人才提拔模式。

【标杆典范】

　　史上最牛推销员：空中客车集团的销售总监，被人称为"Mr. Airbus"（空客先生）的雷义（John Leahy），5亿元的飞机，他每天卖出2架，足足卖了23年。最初只用了1年就卖出了38架飞机，是公司之前3年的业绩总和！仅5年时间，就把空客的市场份额从可怜的18%做到50%！2016年11月，空客和美国投资机构Indigo Partners签下初步协议，向其出售430架飞机，总价值超过420亿欧元，约合人民币3300亿元，是航空史上的最大订单！2017年，雷义又赢得了875架飞机订单，按照价格计算，金额超过了1000亿美元！

　　从飞行员到推销员，雷义没资源、没人脉，一切从零开始。35岁时，雷义被空中客车公司看中，进入集团担任销售员，雷义在空客集团待了8年，业绩一直是部门前三，但销售主管一职一直是由英国人担任。1994年，时任空客CEO的皮尔森终于对这群英籍销售主管的业绩忍无可忍，让他们全部滚蛋，把业绩最好的雷义提拔成为销售主管。20世纪16年里空客有11年飞机销量都高于波音。雷义在空客23年，波音前后换了8位销售总监，没有一位能挽回劣势。正是这种公平晋升，成就了"空客先生"雷义，也成就了空中客车集团自己。

第七节　利益收入方面的基本商业范式

投资或兴办企业，总要有所回报，回报方式主要是获得利润或其他利益。利益收入（i，Income）方面的不同设计，导致了企业盈利模式的差异。一般范式是通过产品定价而产生市场价格，从而产生交易收入。互联网共享经济下，由于规模效应，第三方支付或转移支付等新范式，颠覆了传统企业。各种利益收入方面的创新，提升了企业的盈利水平，甚至成为企业新的商业模式。

本节从收费、免费、转移支付三个层面介绍利益收入的基本商业范式。

收费是对产品或服务收取费用，明码标价，具有确定的产品或服务的内容以及相应的收费标准。

免费，与收费的意思相对，即免缴费用、不收费，指不以货币交换的形式换取产品或服务，不收取报酬，如免费试吃、免费停车、免费吃饭等。天下没有免费的午餐，先用免费的产品和服务去吸引用户，然后再用增值服务或其他产品收费，已经成为互联网公司的普遍成长规律。或者免费是为了早期积累用户和流量，为之后变现积累资源。

转移付费是顾客方面的收益转移，所谓"羊毛出在牛身上"：用户免费、第三方支付；医疗收费中的政府医保、商业保险、患者个人三方支付等。

范式 61：现款（VPMsaid 一表通：i1）

【范式描述】

现款交易，通过货到付款或者先付款后交货形式，是存在时间最长、方式最为传统的一种交易方式，现款交易一般集中在零售商业领域，陌生人之间交易是其特征。

【标杆典范】

苹果手机：新款上市，消费者排队购买。

范式 62：账期（VPMsaid 一表通：i2）

【范式描述】

提供商设置相应的账期，与购买者建立起长久的交易合作，交易双方通过协议来确定账期的长短，从而带动交易的达成。

【标杆典范】

某企业凭借良好的资金实力与供应链管理，对上游供应商的付款周期平均不超过 90 天，大大优于行业水平。

范式 63：折扣、降价（VPMsaid 一表通：i3）

【范式描述】

商家通过标示降价、折扣（或返利），进行产品促销。交易时约定按照原产品价格的若干成或百分比进行交易。

【标杆典范】

淘宝商城的"光棍节"半价促销活动，已是热到发烫的一种促销方式。营销的最终目的是以各种手段将商品销售出去，网店促销也是相同的道理。

反季促销：每当季节转换，部分商厦就会开展反季促销，力度之大令消费者趋之若鹜。

节日促销：每年圣诞、元旦跨年等节日，商家开展各种名目的促销活动以吸引消费者。

范式64：产业金融（VPMsaid一表通：i4）

【范式描述】

发展产业金融前景广阔。产业金融是一门全新的学科，主要研究产业与金融的相互融合，互动发展，共创价值。产融结合，产业为本，金融为用，产融一体化是必然大势。产业金融是一个系统工程，南京大学教授钱志新指出其商业范式包括三个组成部分：第一，产业金融是一个产业发展的金融整体解决方案；第二，产业金融的基本原理为四个资本化，即资源资本化、资产资本化、知识产权资本化、未来价值资本化；第三，产业金融的实现路径有三个阶段，即前期的资金融通，通过资源的资本化解决资金的融通；中期的资源整合，运用融通资金培育核心能力，通过核心能力整合社会资源；后期的价值增值，在整合资源的基础上创造价值，通过资本运作放大价值。

融资租赁（Financial Leasing）又称设备租赁（Equipment Leasing）或现代租赁（Modern Leasing），是产业金融中的一种形态，指出租人根据承租人对租赁物件的特定要求和对供货人的选择，出资向供货人购买租赁物件，并租给承租人使用，承租人则分期向出租人支付租金，在租赁期内租赁物的所有权属于出租人所有，承租人拥有租赁物的使用权。租期届满，租金支付完毕并且承租人根据融资租赁合同的规定履行完全部义务后，对租赁物的归属没有约定的或者约定不明的，可以协议补充；不能达成补充协议的，按照合同有关条款或者交易习惯确定，仍然不能确定的，租赁物所有权归出租人所有。

融资租赁是集融资与融物、贸易与技术更新于一体的新型金融产业。由于其融资与融物相结合的特点，出现问题时租赁公司可以回收、处理租赁物，因而在办理融资时对企业资信和担保的要求不高，所以非常适合中小企业融资。

【标杆典范】

某融资租赁有限公司成立于 2013 年，凭借多元化的融资渠道和创新的产品理念，专注于为健康医疗产业客户提供全方位、专业化、一站式的金融服务。

范式 65：押金（VPMsaid 一表通：i5）

【范式描述】

消费者缴纳押金后使用产品。实际盈利模式是，通过收取押金，获得大量的资金沉淀，将资金在第三方平台进行盈利活动，同时也获取大量的用户资料（电话号码、身份信息等）与产品使用大数据，可以挖掘新的价值源。

【标杆典范】

2016 年底以来，国内共享单车突然就火爆了起来，曾经有 24 个共享单车应用的图标霸满了整个手机屏幕。而在街头，仿佛一夜之间，共享单车已经到了"泛滥"的地步，各大城市路边排满各种颜色的共享单车。

曾经风光的共享单车如下（部分单车已经褪去光环而遁形）：

绿色车：享骑电单车、易拜单车、酷骑单车、小强单车、云单车、小鹿单车、骑呗单车、优拜单车、熊猫单车、乐途单车、快兔出行

浅蓝色：1 步单车、智享单车、小蓝单车、由你单车、小鸣单车、途尔电单车

黑色：Qbike、黑鸟单车、米家骑行、曲奇单车、酷玩单车、北京出行

红色：龙城单车、西游电单、贝庆单车、闪骑电单车、哈罗单车、共佰单车

橙色：微笑单车、Funbike、摩拜单车、CCbike

白色：小白单车、芒果电动车、Obike、DDbike

银白色：7号电动车、智慧单车

土豪金：酷骑单车

七彩单车："终结者7号"系列单车

范式66：饵+钩（VPMsaid一表通：i6）

【范式描述】

饵+钩范式是将产品和服务分拆成几个部分，通过免费的形式，获取基本部分的产品或服务，再以收费的形式，提供其他相关部分的产品或服务。或前期产品收费，后续产品免费，实现了捆绑在一起的搭配营销。

【标杆典范】

优酷、爱奇艺等视频平台产品播出方式即为此种方式。在一个电视剧集中，前10集或者更多的是免费的，而有一些剧集则是收费的。

范式67：硬+软（VPMsaid一表通：i7）

【范式描述】

信息技术公司为企业信息化提供整体解决方案，收取整体费用后，限制软件复制使用。后期监测企业复制软件情况，追索知识产权费用。

【标杆典范】

中美诸多产权诉讼。

范式 68：主机 + 耗材（VPMsaid 一表通：i8）

【范式描述】

主机和耗材分开收费，主机很便宜，甚至免费；耗材则价格高昂，无法替换。

某医疗器械公司"送诊断设备，卖诊断试剂"。

范式 69：1P（VPMsaid 一表通：i9）

【范式描述】

1P 范式是一种把行业外的利益攸关者转化为第三方买单者，把企业之间竞争博弈的赢利模式转化为合作共赢的赢利模式。

1P 理论表面看是价格理论，本质上是第三方付费（甚至第四、第五方付费）。源于现代营销理论中的 4P，即产品 Product、价格 Price、促销 Promotion、渠道 Place。利润 =1P-3P。这里的 1P 是价格（Price），它是企业的收益，同时也是顾客的成本；3P 是产品（Product），渠道（Place）和促销（Promotion），它们是生产者的成本，同时也是顾客的价值。营销就是营销 3P，收益 1P，赚取 1P 和 3P 之差。1P 的本质就是通过第三方买单，使产品价格低于平均成本还能赢利，从而创造自动营销。

有评论认为，1P 理论是对生产力的一次重要解放，它的最大贡献在于提倡产品（实体产品或抽象产品）"兼职"：让一个品牌的"产品"兼作另一个品牌的"信使"，使一家企业的"独立载体"演变为两家或两家以上企业的"联盟载体"，从而达成一个目标：总价值提升，总成本下降，在网状经济的假设之上演绎出的全新的营销学和全新的商业范式！

《1P 理论》一书的作者王建国是北京大学光华管理学院的教授，是世界著名经济学家杨小凯、张五常、黄有光的得意门生，也曾经做过香港华润公司和中国新技术创业投资公司的高管,有着深厚的学术背景和多年的从商经历。

【标杆典范】

旭农网:旭农网是2007年初上线的农业类信息网站。当时农村上网普及率还是很低,此类网站普遍不景气。旭农网是如何在逆境中生存的?这里就运用到了1P理论的精髓,由第三方买单,却又不是单纯的第三方买单,而是寻求第三方替农民发布农产品信息(创造价值),再由城市消费者买单。

谁又会替农民发布信息呢?——农村进城者!

如今中国上网人数已突破一亿人,这一亿人群大部分集中在较发达的城市中。而较发达城市中大部分又都是外来人口,其中又有大部分都来自农村,他们在城市打工或者求学,一般都会有两个理想:一个当然是赚钱;另一个理想就是希望有朝一日能事业有成回报家乡,让家乡富裕起来,让家乡父老们都过上和城市里一样的生活。据工商局2005年统计,农村经纪人执业人员达60余万人,经纪业务达到2000亿元;而2006年,仅河北工商局统计,河北农村经纪人职业人员达到24.5万人,经纪业务达到580亿元。

以下是旭农网定位要解决的问题:

1. 为促进农产品与市场的有效对接,普及网上农村经纪人概念,解决农产品销售难的问题。

2. 缓解农村就业压力,创造再就业机会,加快农业剩余劳动力转移。

3. 通过农村经纪人带动农产品区域经济,实现一个经纪人带一个村,多个经纪人带一个县。

对在城市中打工求学的人群来说,通过网上发布家乡的农产品供求信息，可以作为中间人收取一定的差价，这不光是学生勤工俭学的途径，还可以为家乡增收。最重要的是，他们本身具备上网条件和知识，而又可以获取到家乡一手的农产品供求信息。一个经纪人可以带动一个村，而多个经纪人就能带动一个县的区域经济。

旭农网运用了 1P 理论的精髓，突破了农村上网普及率低的瓶颈。实现了对农民、打工求学人群、网站、农企等多方面均受益的局面，并把线上和线下完美地结合在一起，形成了一个产业链。

最后是第四方付费——城市购买者。

范式 70：公益（VPMsaid 一表通：i10）

【范式描述】

公益范式就是不把利润最大化当作首要目标，在商业活动中开展人道主义救援和贫民救济活动，自愿通过做好事、行善举而提供给社会公众公共产品。作为社会公民，承担社会责任，在企业发展的同时，关心社会公众的福祉和利益（多指卫生、救济等群众福利事业）。

随着我国公益慈善事业的发展完善，政府出台了相关鼓励慈善捐赠的政策，如捐款抵税减税等，减轻了企业的压力和负担。

公益范式有助于企业提高自身形象、社会知名度和客户认可度，有利于企业良性发展。

【标杆典范】

2016 胡润慈善榜：2016 年 6 月 7 日，胡润研究院发布《大城小爱慈尚会 2016 胡润慈善榜》，100 名中国大陆最慷慨的慈善家上榜。评选依据：2015 年 4 月 1 日至 2016 年 3 月 31 日期间的现金捐赠、和现金相关的捐赠、有法律效力的承诺捐赠以及 2016 年 4 月—5 月的过亿捐赠都统计在内。若以企业名义捐赠，企业捐赠额乘以企业家所持股份比例后计入企业家个人捐赠。胡润研究院自2004年首创慈善榜以来，坚持寻找中国的"卡耐基"，引领中国企业家寻找自己的慈善方向。2016年是胡润研究院连续第十三年发布胡润慈善榜（见表2-3）。

表2-3 大城小爱慈尚会2016胡润慈善榜前三名列表

排名	姓名	捐赠总额（万元）	捐赠明细
1	马化腾	1395 200	承诺将捐赠1亿腾讯股份注入正在筹建的基金会，价值139亿元；以集团名义向腾讯公益基金会捐赠2.5亿元
2	陈一丹	400 650	以个人名义捐赠20亿建设武汉学院；2016年5月22日，宣布捐赠25亿港元设立教育奖项"一丹奖"
3	何巧女	292 300	以个人名义承诺向北京巧女公益基金会捐赠个人的7630万股股票，价值约29亿元；之后以个人减持股票后的现金，捐赠给北京巧女公益基金会，根据项目进展逐年拨付

范式71：补贴（VPMsaid 一表通：i11）

【范式描述】

用户通过获取一项产品或服务而得到服务提供商的相应补贴，提升用户黏性。

【标杆典范】

滴滴约车通过补贴，获取用户认知度。并通过一段时间的持续补贴，提升客户额黏性，在美团、饿了么等互联网公司中，通过补贴获得用户认知度，是一种比较常见的做法。

范式72：外包（VPMsaid 一表通：i12）

【范式描述】

经营者根据其自身经营需求，适当地配置自身资源，有效地使用社会资源或者其他企业资源，进行资源整合，利用外部资源力量为自己企业某一领域的产品或服务提供支持。

在医药行业，一个生产制药公司成为强研发、强注册的公司是困难的、高成本的，甚至是不可能的。正是在这种情况下，合同研究组织（CRO，Contract Research Organization）与合同注册组织（CRAO，Contract Regu-latory Affairs Organization）应运而生。前者，专业从事药品研发；后者，专业从事药品注册及各种法规合规审核事务。

【标杆典范】

药明康德：2018 年全球 CRO 公司 TOP10 排名，药明康德升至第 9 位。药明康德在 2017 年的收入为 10.11 亿美元，较上一年增长近 10%。该公司为中国大多数大型制药、生物技术和医疗器械公司以及许多小公司提供合同研究。药明康德的组合资产包括小分子研发和制造、生物制剂研发和制造、细胞疗法及基因疗法的研发和制造、医疗器械测试、分子检测和基因组学等。该公司平台正在承载着来自全球 30 多个国家的 3000 多家创新合作伙伴的数千个研发创新项目。目前，该公司雇员有 14000 名。

第八节 持续发展方面的基本商业范式

企业经营目标绝不是仅能做成一单生意，或布局一个省市。好的商业模式承载企业持续发展的重任，既要做大，更要做强做长久。持续发展（d，Development）主要体现在战略、创新、品牌三个层面，战略引领未来，创新争取未来，品牌赢得未来。商业模式中的战略，是企业总战略的竞争战略，需要更贴近市场，更具有落地可操作性。未来企业竞争，既来自行业内传统对手，更可能发端于行业外颠覆与跨界融合，唯有创新才能紧跟形势不被甩开，而打造产品品牌与企业品牌是企业持续发展的最高级别商业模式。

范式 73：低成本（VPMsaid 一表通：d1）

【范式描述】

指企业在提供相同的产品或服务时，通过在内部加强成本控制，在研究、开发、生产、销售、服务和广告等领域内把成本降低到最低限度，使成本或费用明显低于行业平均水平或主要竞争对手，从而赢得更高的市场占有率或更高的利润，成为行业中的成本领先者的一种竞争战略。

【标杆典范】

2018 年是新零售的元年，继无人便利店之后，无人餐厅也来了，支付宝在云栖大会上率先展出了智能餐桌。阿里的这套无人餐厅技术方案，无须配置点菜员、送餐员和收银员，顾客全程用智能系统点餐，刷脸就能支付离开，大大降低了用工成本。

范式 74：差异化（VPMsaid 一表通：d2）

【范式描述】

差异化（differentiation）是指企业在生产与流通的某些方面，力求在本产业中独树一帜，为市场提供具有独特利益的产品与服务，以获得独有的价值与回报。

【标杆典范】

海尔差异化创新：模式差异化上，美国的工业互联网是突出信息化技术带动产业传统的工业升级，自上而下。德国的工业 4.0 是传统工业进行智能化、信息化升级，自下而上的做法。海尔做的中国制造 2025，希望成为世界第三极，由用户个性化定制带动全产业链智能互联。美国做 toB，海尔做的是 toB 和 toC，和 C 端联系起来。不仅解决了高效率，还解决用户端的高精度。另外，海尔做的不是简单的机器换人，而是由物体空间变成用户交互的网络空间，实现真正的产销合一，也就是生产和消费者合一，从过去的为库存生产到为用户生产，生产线上每一台产品都是有主的。其高精度就是三联，用户与全要素互联、用户与数据互联、用户与全流程互联。高效率就是三化，即柔性化、数字化、智能化。

范式 75：多元化（VPMsaid 一表通：d3）

【范式描述】

多元化是企业经营不只局限于一种产品或一个产业，而实行跨产品、跨行业的经营扩张。多元化经营属于开拓发展型战略范畴，是企业发展多品种或多种经营的长期谋划。

【标杆典范】

日本药店的多元化：连锁药店经营的药品占31.2%，日用杂品占24.6%，化妆品占22.7%，其他品类占21.5%，其药店普遍的多元化经营比例已达到68.8%；而美国等发达国家，药店也都是以药品为主，兼营与健康相关的产品和其他日用品，它们的非药品经营让药店的平均毛利从28.3%提升到32%左右，足以与日用品综合商场35%的平均毛利媲美。甚至在许多连锁药店中，药品经营已处于次要地位。

李嘉诚：和记黄埔的多元化经营是十分成功的。郎咸平在1994年和美国哈佛大学管理学院教授Rene Stulz在Journal of Political Economy上发表了《托宾的Q、公司的多元化经营、公司业绩》一文，提出了一个反思维：公司多元化经营是有害的，我们应该将鸡蛋放在一个篮子里，但又承认李嘉诚的多元化经营是十分成功的。

哈佛大学金融学教授Tufano要郎咸平做解释，如何理解这种现象？郎咸平的解释是：香港的李嘉诚先生是世界十大富豪之一。他目前拥有六家上市公司，资产超过1000亿美元。其中和记黄埔拥有七大不同业务，包括电信、港口、基建、地产、零售、能源、财务等。这七大部门的息税前净利成长率最低为50%，最高为200%，但七大业务的加权平均息税前净利成长率最低只有5%，而最高也不过是20%，足足小了10倍。因此，虽然七大业务的股票总回报率低于七大业务分开的回报率的加总，但这七大行业之间却有着互补的作用，因此形成了一个稳定的和记黄埔，这个稳定竟然是和记黄埔成功的关键。

郎咸平的最后观点是：李嘉诚的案例是一个多元化经营的成功特例，它告诉我们，多元化经营仍然是可取的，但企业间的互补却相当重要，否则无法降低企业经营的风险。

李嘉诚自己的经验之谈：第一次给长江 CEO 颁奖的时候说，他所有的多元化都有一个前提，就是一个绝对能够保证持续经营、稳定现金流的非常强大的主力，这是保险锁。在外面出了错，里面还可以帮你收拾，你还能喘过气来，没有那个保险锁是不行的。

范式 76：资本扩张（VPMsaid 一表通：d4）

【范式描述】

资本扩张是运用资本与投资手段拓展业务的模式，目前我国企业资本扩张中采用的基本方式有兼并、收购、战略联盟等。"资本"不仅仅是指钱，资本是对资源的"支配权"，通过资源支配带来更多的支配权叫"资本运作"，通过"资本运作"优化和配置社会财富，实现社会效率的最大化就是"资本运作"的社会价值。

因为资本有趋利性和增值性，追求利润最大化，这就会促使社会资源的配置朝着效率、效益最大化的方向上行。社会资源将依次流入最有效率的国家和地区、最有效率的产业、最有效率的企业、最有效率的项目、最有效率的个人。资本的逐利促进资源的优化，资源的优化顺势产生新的资本，并且不断产生新的机会，如此一边循环一边膨胀。

【标杆典范】

复星集团：复星创富是复星集团旗下全资设立的股权投资管理公司，也是业内领先的私募股权投资机构，专注于成长性及并购股权投资。坚持"专业创造价值"，遵循"中国动力嫁接全球资源"的独特投资模式，通过对中国宏观与微观经济趋势的深入了解以及对全球市场情况的系统分析，结合多年积累的成熟管理团队、强大的执行能力，捕捉受惠于中国成长动力的投资机会。专注于投资具有竞争优势地位和优秀管理团队的行业领先企业，凭借优质的售后服务和复星集团强大的全球产业整合能力，为优秀企业赋能，助力其长期增值和可持续发展。复星创富发起并管理的资产包括母基金、私募股权投资基金、上市公司产业基金等各类股权投资基金，目前旗下管理六只基金：复星类基金、平鑫基金、寅平基金、创富基金、唯实基金、济南基金，基金规模逾200亿人民币。复星创富专注于智能制造与工业服务、能源环保、时尚消费、TMT、大健康五大领域的投资，投资企业近百家，超过20家企业已成功在国内或海外上市/挂牌。

孙正义、巴菲特："资本家"跟"企业家"的最大区别是：资本家不直接参与企业的经营和管理，而是在幕后操纵企业宏观思路，企业的产品是各类快消品，而资本家的产品就是各个企业。孙正义通过投资、入股、并购、重组的方式，将一个企业的未来把控到自己手中，他投资了马云，成全了阿里巴巴，马云就是企业家，而孙正义就是资本家。孙正义手里有N个马云，成了日本首富。再比如巴菲特专门坐在老家做投资操纵他的布局，他也是资本家。

范式77：共享平台（VPMsaid 一表通：d5）

【范式描述】

平台是一种现实或虚拟空间，该空间可以导致或促成双方或多方客户之间的交易。平台构建多主体共享的商业空间，并且产生网络效应、实现多主体共赢。共享平台本质是一种即插即用的商业模式，连接多个参与方（生产者和消费者），通过生成价值和交换价值让双方产生交互。即插即用：生产者可以"插入"平台，在平台上进行创造。当消费者"插入"平台，获取他们需要的东西，平台给予它们相关的服务。

交互：平台核心角色是让连接到平台的参与者能够发生交互。不同的平台有不同类型的交互，但是所有的平台都会有一种核心的交互。

【标杆典范】

开发者在安卓平台创建APP，写作者在Mediun上发表文章，房主在Airbnb上创建可租的房间，卖家在Etsy、易宝、淘宝提供商品。平台模式最有可能成就产业巨头，全球最大的100家企业里，有60家企业的主要收入来自平台商业模式，包括苹果、谷歌、BAT等。

阿里巴巴：在早期，阿里重点解决有效供给不足的问题，淘宝通过免费策略吸引了大量卖家进入到开放平台。在成为行业领导者之后，阿里追求更进一步提升有效需求，从而提升开放平台的交易质量。为此，阿里分拆了淘宝和天猫，将重要资源投注于构建开放平台的互联网经济模式，致力于打造一个无所不有、无所不能和无所不及的开放平台。阿里还联合卖家加大了广告、促销、品牌推广等方面的投入，持续刺激开放平台的整体参与率、活跃度和购买力，使网站流量和会员数量都得到了显著提升，阿里逐渐形成了"软硬结合"的创新商业模式和"开放平台利润模式"。阿里在开放平台管理方面的积极探索与创新成就了独特的"阿里模式"。

九州通：九州通在电子商务上一直表现得较为活跃，旗下拥有"九州通医药电子商务交易平台""好药师网上药店"和"去买药网"三个平台。截至2016年底，好药师已在上海、北京、广州等10多个城市完成近1000多家线下药店的签约及系统对接工作，并开展"24小时送药、急速达"服务。

某企业：独特的一站式智能化集成服务平台，做到医院、患者、工业、商业、政府各方兼顾；物流、商流、资金流、信息流、政策流五流合一。

范式78：生态体系（VPMsaid 一表通：d6）

【范式描述】

国务院《关于积极推进"互联网+"行动的指导意见》，鼓励基于互联网的各类要素资源集聚、开放、共享，提高配置效率，要求加快建立优势互补、合作共赢的开放型产业生态体系。

生态体系模式是一种高级商业模式，也是目前最前沿的战略思想。"生态"是指具有异质性的企业、个人在相互依赖和互惠的基础上形成共生、互生和再生的价值循环系统。企业生态体系，超越了传统价值链、生产链、管理链、资金链和运营理念，是涉及供应商、经销商、外包服务公司、融资机构、关键技术提供商、互补和替代产品制造商，甚至包括竞争对手、客户和监管机构与媒体等企业利益相关者在一起的整体，综合了价值链、产业链、人才链、资金链等为一体的动态体系。与自然生态系统中的物种一样，企业生态体系中的每一家企业最终都要与整个企业生态体系共命运。基于生态体系的战略不仅使公司自身得利，而且使所有体系成员共同受益，从而形成生态链上的良性循环，使公司得以持续健康发展。

生态体系模式的特点：相关者通过相互信任，默契合作，聚集在某一有利的区域，无论在信息方面，还是技术方面和资源或服务的获得方面等都具有较低的搜索成本、交易成本和运输成本的优势；与此同时，群体内的企业可以充分发挥自身的优势，在设计、服务、型号等方面实施差异化；由于集群内的企业靠利益分配机制无形地结合在一起，它们在这个区域组织内形成了一致的声音，在对付外部环境不确定性方面（技术、市场和政策方面）能快速反应，在时间方面能够领先于竞争者从而获取竞争优势。生态圈的价值在于：第一，为企业提供了在传统的行业结构、竞争地位之外的价值来源；第二，有利于行业结构的优化、核心竞争力的建立，也就是巩固传统的价值来源。总之，为企业带来更高的投资回报率。

在生态模式下，企业不断地增加生态圈内伙伴的异质性、嵌入性和互惠性。异质性对应了"共生"，使生态的功能更加丰富多元；嵌入性对应了"互生"，使生态伙伴之间彼此依赖、相互扶持；互惠性则对应了"再生"，使整个生态在个体与集体、当前与未来利益之间的平衡和放大。异质性、嵌入性和互惠性高的生态圈具有适应能力和放大效应——灵活地组合不同企业的核心竞争力、适应不断变化的环境，并形成协同和放大竞争优势。

企业的优势不仅仅来源于内部价值链活动的优化和资源能力的积累，还来源于对外部资源的有效利用，也就是企业组合商业生态圈元素，协调、优化生态圈内伙伴关系的能力。与内生的竞争优势相反，生态优势强调的是"外部关系"，不仅仅关注自身的价值链，还要重新定义和优化价值网上的活动，管理好外部资源（见表2-4）。

表2-4 竞争优势与生态优势对比

竞争优势 VS 生态优势		
对比条目	竞争优势	生态优势
竞争的目的	零和博弈	共赢、共生、互生、在生
价值的创造	内生性	外生性
价值的获取	价值链活动	价值网活动
优势的来源	管理好所拥有的资源	管理好不拥有的资源
优势的评判标准	有价值、稀缺、难以模仿、无法代替	异质性、嵌入性、互惠性
优势的表现形式	持续提供成本领先或差异化产品	生态圈具有适应能力或放大效应
优势的数量	单一的	多个的
优势的可持续性	核心刚性	动态能力

生态优势背后的假定不再是零和博弈、你输我赢了。它强调共赢——把饼做大，形成共生、互生和再生的利益共同体。生态优势不追求"为我

所有",而是"为我所用",有效地与外部资源发生连接。腾讯并不拥有微信平台上公众大号的所有权,但是公众号文章的阅读量会推动微信平台的繁荣;亚马逊 Kindle 不做内容出版业务,但是优秀出版商的电子书籍下载量会惠及 Kindle 产品的号召力。一方的繁荣并不是以另一方的萧条为代价的,而是你中有我、互惠互利。

【标杆典范】

BAT 三家企业是生态体系模式的典范。

阿里巴巴是生态化最彻底和成功的,一方面通过淘宝、天猫、阿里巴巴的功能性区分实现 C2C、B2C 和 B2B 的战略排布;另一方面通过支付宝、菜鸟、阿里妈妈等战略性构建完善超级战术系统;此外还通过生态投资战略性布局多行业创新和流量机制平台级创新。在马云的战略地图中,流量机制和交易机制是其构建并试图改写所有行业游戏规则的基本生态武器。

腾讯的生态系统和阿里的垄断式生态布局不同,是一种基于共生性的开放平台生态。通过基础设施的分享,能力的共用,形成应用的共赢机制。其 QQ 和微信等超级终端构建了巨大的流量系统,最典型的例子就是和游戏厂家的合作,在游戏行业腾讯已经成为彻头彻尾的王者,完全可以掌控这个市场。

百度系生态全景图是一个更加简单直接的流量生态系统布局,通过对流量大数据的掌控,在流量变现的节点布局,进而将其核心的流量能力变现为细分行业的核心竞争力和商业价值。另外通过布局企业的共生性合作,填充流量生态系统的内容,进而形成"流量和内容"双轮驱动的生态系统格局。同时百度投资的项目也基于自身比较优势参与行业竞争,比如投资去哪儿参与旅游业竞争,所以百度商业模式也是一个比较典型的"竞争性生态体系"。

范式 79：创新驱动（VPMsaid 一表通：d7）

【范式描述】

创新驱动是以创新活动为基础创造企业价值的商业模式。邓小平同志提出，"科学技术是第一生产力"，创新更是科学技术的核心。

创新是一个民族进步的灵魂，是一个国家兴旺发达的不竭动力。世界需要整合，企业必需创新。"创意犹如原子裂变一样，只需一盎司，便可带来不可计数的商业效益"（比尔·盖茨）。熊彼特技术创新理论认为，创新就是实现生产要素和生产条件的新结合，对原有生产体系会产生震荡效应。

创新分为渐进式微创新和颠覆式原创新两种，企业创新主要内容涵盖经营创新、技术创新和管理创新三个部分。

经营创新指公司在产供销过程中的服务创新、商业模式创新和理论研究突破，以及经营方法、程序、措施、渠道等方面的创新。

技术创新指为了提升各专项技术能力、技术水平而做出的各项改进、改善与发明（论文、专利）等。包括：

1. **产品技术创新**：采用新技术、新工艺、新材料、新结构、新配方，提高产品质量，改善产品性能及开发新产品，节约原材料等；

2. **工程技术创新**：对设备、工艺过程、操作技术、工、夹、量具、试验方法、计算技术、安全技术、环境保护、劳动保护、运输及储藏等方面的改进或建议；

3. **其他创新**：推广应用科技成果、引进技术，以及长期未解决的技术关键和质量关键等。

管理创新是指企业运用现代管理思想及理论，借鉴国内外先进管理经验，从实际出发，在管理理念、组织与制度、管理方法等方面进行的创新探索及其实施的建议和方案。它必须同时符合三项要求：一是具有创新性，即在实践中率先发现和总结出某些管理领域的客观规律，并得到国内外、行业和／或企业公认；借鉴国外先进管理理论、方法、手段和经验，在实践中进行创造性应用；借鉴国内其他企业管理创新经验，在实践中进一步加以改进和发展；针对国家和企业面临的突出问题所进行的有益探索。二是具有实践性，即反映企业在管理活动中能够展开的实践，符合国家法律、法规和政策要求，具有导向性、可操作性和推广应用价值。三是具有效益性，即经过一年以上的实际应用，通过科学评估、测定与计算，能够证明确实提高了企业管理水平，并取得了显著经济效益、社会效益和生态效益。

管理创新主要体现在以下三个方面：

1. **制度方面**：制度改进、建设等方面创新；
2. **组织方面**：组织结构的调整、工作流程改造等方面创新；
3. **机制方面**：各种管理模式、管理方法的应用、引进、改进等方面创新。

【标杆典范】

新技术创新：机器人写作、无人机运输、医疗机器人达·芬奇做手术、阿尔法狗完败人类高手等。以移动互联网、云计算、AI 为基础的影响全球经济颠覆性技术，必将改变传统企业生态环境，催生商业服务新模式。

麦肯锡提示，未来决定 2025 年经济的 12 大颠覆技术包括移动互联网、物联网、云计算、先进机器人、自动汽车、新基因组学、储能技术、3D 打印、先进油气勘探与开采、先进材料、可再生能源，其中大部分将达到万亿／年的规模水平。

InnoCentive 网站：在一个名为"创新中心"（InnoCentive）的网站上，

聚集了 9 万多名科研人才，他们共同的名字是"解决者"（Solver），形成了这个研发供求网络用户的"半边天"。与此对应的是"寻求者"（Seeker），成员包括波音、杜邦和宝洁等世界著名的跨国公司，它们把各自最头疼的研发难题抛到"创新中心"上，等待隐藏在网络背后的高手来破译。

"创新中心"最早是由医药制造商礼来公司资助的，创立于 2001 年，已成为化学和生物领域的重要研发供求网络平台。公司成员（寻求者）需要向"创新中心"交付一定的会费，为每个解决方案支付的费用仅为 1 万至 10 万美元。"创新中心"上的难题破解率为 30%，"创新中心"的首席科技官 Jill Panetta 认为，在网上广招贤士的做法"和传统的雇佣研发人员的做法相比，效率要高出 30%"。宝洁公司是"创新中心"最早的企业用户之一。该公司引入"创新中心"的模式，把公司外部的创新比例从原来的 15%提高到 50%，研发能力提高了 60%。宝洁目前有 9000 多名研发员工，而外围网络的研发人员达到 150 万人。

《大失控》一书作者凯文·凯利说：中国将成为全球创新中心，包括互联网、机器人、AI。

范式 80：众包、众筹（VPMsaid 一表通：d8）

【范式描述】

众包是大众完成业务，众筹是大众完成集资，都具有社会网络化协同的本质。

众包指的是一个公司或机构把过去由员工执行的工作任务，以自由自愿的形式外包给非特定的（而且通常是大型的）大众网络的做法。简单地说，"众包就是社会化生产模式"，可以提高效率、降低成本。众包的出现，始于开源软件。Linux 操作系统的开发证明，一群志趣相投的人能够创造出比诸如微软公司等商业巨头所能够生产的更好的产品。

众包的任务通常是由个人来承担，但如果涉及需要多人协作完成的任务，也有可能以依靠开源的个体生产的形式出现。在美国《连线》杂志2006年的6月刊上，该杂志的记者Jeff Howe首次推出了众包的概念，不过，从提出时间看，美国人提出的众包比2005年在中国诞生的威客晚了一年。

随着全球化的推进，外包服务应运而生，在全球化3.0时代每个人都能以个体为单位参与全球合作与竞争，似乎把外包发挥到极致就成了众包，但二者之间却是有着本质的不同。

宝洁公司负责科技创新的副总裁Larry Huston评价道，"外包是指我们雇佣人员提供服务，劳资双方的关系到此为止，其实和雇佣关系没什么两样。但是现在我们的做法是从外部吸引人才的参与，使他们参与到这广阔的创新与合作过程。这是两种完全不同的概念"。Huston一语道破众包和外包的区别——众包的核心包含着与用户共创价值的理念。此外，二者另一个最大的不同之在于，外包强调的是高度专业化，而众包则反其道而行之，跨专业的创新往往蕴含着巨大的潜力，由个体用户积极参与而获得成功的商业案例不胜枚举。

中国的威客理论核心思想：人的知识、智慧、经验、技能通过互联网转换成实际收益的互联网新模式。主要应用于包括解决科学、技术、工作、生活、学习等领域的问题。人类的知识和智慧将会因为互联网而被无限放大和传播，并创造出令人惊讶的社会财富。美国的众包概念没有认识到互联网的知识和智慧是值钱的，威客理论指出，只有承认人们的知识和智慧的价值性，才能鼓励他们积极地参与到问题的解决中去。美国的众包概念没有成熟的商业模型，甚至把维基百科也当作众包。威客理论提出，用悬赏模式应对低端任务，用招标模式应对中高端任务，为每个威客开辟个人空间进行能力展示和智力作品买卖，对每个任务发布者和威客进行信用评级，开发自己的支付宝进行支付保护。以往架设在业余爱好者和专业人士之间的成本藩篱也由此被打破。市场的大门在一瞬间突然为爱好者、兼职者和发烧友打开，精明的公司也纷纷找到在人群中发现人才的捷径。这样的人力并不完全是免费的，但是比起传统的雇员，成本显然不值一提。外包并不能达到这样的目的，这样的趋势正是众包的概念。

众筹翻译自国外 crowdfunding 一词，即大众筹资或群众筹资，我国香港译作"群众集资"，台湾译作"群众募资"。由发起人、跟投人、平台构成。具有低门槛、多样性、依靠大众力量、注重创意的特征，是指一种向群众募资，以支持发起的个人或组织的行为。一般而言是通过网络上的平台联结起赞助者与提案者。群众募资被用来支持各种活动，包含灾害重建、民间集资、竞选活动、创业募资、艺术创作、自由软件、设计发明、科学研究以及公共专案等。Massolution 研究报告指出，2013 年全球总募集资金已达 51 亿美元，其中 90% 集中在欧美市场。世界银行报告更预测 2025 年总金额将突破 960 亿美元，亚洲占比将大幅成长。

【标杆典范】

海尔创客平台叫做海创汇平台，有四大开放模式，包括众创、众包、众扶和众筹。平台拥有上下游资源对应的创客工厂，还有线上线下渠道资源——创客资源平台，有社会创业者对应的创客学院，也有对应高校创业者的创客实验室。

人人猎头：人人猎头是移动互联网时代众包招聘的创新者，它采用企业悬赏招聘的方式。

微差事：微差事是中国最大的任务众包平台，帮助用户在碎片时间里赚钱，用户数已破百万。其商业模式是：通过众包帮助企业完成调研、内控、推出精准的品牌互动以及数据采集。包括零售店调查、消费者调研、付费广告、神秘顾客、试用（产品或服务）、指定地点的促销以及门牌采集等。

拍拍赚：是一个基于移动互联网的数据采集众包平台。企业方通过平台自助式地把各类数据采集类型任务发布给拍拍赚手机应用的使用人群。会员利用手机应用直接完成各类数据采集任务。通常一个商业数据采集任务会由几百甚至上千的会员参与完成。

易到用车：它的模式简单说来就是：用户通过呼叫中心或APP向易到用车提交需求，易到用车将需求导入数百家上游租车公司，在一分钟内回复是否可以接单，易到用车根据公司评级和服务满意度，选择某个租车公司完成上述订单，并获得分成。易到用车本身不拥有车辆及司机。

亚马逊：网络零售巨头推出了提供众包服务的平台Mechanical Turk（Beta版），企业用户针对的是那些需要以数美分起价外包简单计算任务的公司，而个人用户将通过完成某项工作获得小额的报酬。

OhMyNews：韩国著名的"群众媒体"，已有70万读者，4.1万名记者。

标致汽车：举办标致设计大赛，发动人们设计自己梦想中的汽车，2005年的获奖作品Moovie出自一名23岁的葡萄牙学生之手。

宝马汽车：宝马在德国开设了客户创新实验室，为用户提供在线的工具帮助他们参与宝马汽车的设计。类似的做法还有奥迪在2001年～2004年间开设的虚拟实验室。

乐高：这家深受人们喜爱的玩具公司一直鼓励和资助用户参与公司的各项设计任务，从机器人操纵系统到积木套装产品。

Marketocracy：提供金融服务的社区，拥有6万名在线股票交易员，追踪顶级的100只股票并提供投资策略参考。

宜家：通过举办"天才设计"大赛，吸引顾客参加多媒体家居方案的设计，得奖者将获得2500欧元的奖励，其作品将投入生产和市场。

阿迪达斯：阿迪达斯的粉丝不仅加工了他们自己的跑鞋，而且还放到eBay上出售。

欧莱雅：这家全球最大的化妆品帝国近期推出了一个活动，让用户参与欧莱雅的广告设计。类似的做法还被麦当劳、万事达卡等公司采用。

不列颠泰特美术馆（Tate Britain）：这家美术馆拥有1500～2000年间丰富的美术作品，让参观者自己为展品写讲解说明，被选中的将制作成标签展出在美术巨作旁边。

慈铭体检：联合清华大学抗肿瘤蛋白质药物国家工程实验室推出的"早找癌"检测肿瘤项目，在京东众筹成功。

众筹反例：中国官方7个部门和机构曾联合发布了一纸通报，直接把一个正在全球互联网上疯狂"吸金"，更在中国创造了30天圈钱数十亿元纪录的互联网金融产品"以太坊"给废掉了。根据中国财新网的报道，中国央行相关人士在研究了大量的ICO白皮书后，得出的结论是："90%的ICO项目涉嫌非法集资和主观故意诈骗，真正募集资金用作项目投资的ICO，其实连1%都不到。

"比特币"作为最早诞生的虚拟"数字货币"，通过加密技术、共识机制、分布式记账等技术，实现了不经过央行和商业银行等金融机构就可进行货币发行和交易，即"去中心化"。实现比特币的核心技术则是"区块链"技术。"区块链"技术具有匿名、交易记录透明且难以篡改等特点，一定程度上保护了个人隐私，提高了交易的可信度，实现了交易双方在无信任基础的环境中完成交易的目的。从2009年诞生开始，"比特币"在"区块链"技术的支持下，很快赢得了全球很多网民的青睐，令其一跃成了互联网世界有着"虚拟黄金"之称的重要币种。其与现实世界中法定货币的兑换比例曾高达1比特币兑换4235美元。

"以太坊"这种众筹模式名为ICO，其原理和股市上新上市的公司所发行的IPO首发股很相似。但也是这种ICO融资模式，今天却成了中国官方重点打击的对象。从2017年开始，全球互联网上就突然爆发式地冒出了很多打着"区块链"技术旗号的创业"项目"。项目的创业者们一方面宣称他们的项目前景非常好，一方面则纷纷发行他们自己的ICO"数字币"进行"众筹"，并许诺投资者一旦项目成功，他们的ICO就将极大增值，给投资者带来巨大的收益。这些项目很快吸引了全球众多投资者的注意，在中国，仅仅2018年8月这一个月里，通过ICO的方式融资的"创业者"就已经获得了数十亿的投资，而投资者中更是不乏"中国大妈"的身影。这些"区块链"技术的"创业者"完全是在一个毫无法律、毫无约束、毫无监管的空间向公众集资，这其中的风险非常大。早在中国官方重拳出击之前，包括美国、欧洲、日本和韩国等多个国家和地区组织的金融机构，就已经多次提醒投资者们要当心那些用"区块链"技术进行欺诈的骗局。

范式81：老字号（VPMsaid一表通：d9）

【范式描述】

运用老字号提升企业价值的模式。老字号品牌价值可挖掘出社会价值、文化价值和市场价值。中华老字号企业在上百年的发展历程中，经历无数磨难，禁住了历史的考验，存留至今仍经久不衰，成为中华工商业发展的一个见证。可以说，每一个老字号，都是一块闪闪发光的金字招牌，是祖国珍贵的历史文化遗产。

【标杆典范】

北京同仁堂：是全国中药行业著名的老字号。创建于1669年（清康熙八年），自1723年开始供奉御药，历经八代皇帝188年。在300多年的风雨历程中，历代同仁堂人始终恪守"炮制虽繁必不敢省人工，品味虽贵必不敢减物力"的古训，树立"修合无人见，存心有天知"的自律意识，造就了制药过程中兢兢小心、精益求精的严细精神，其产品以"配方独特、选料上乘、工艺精湛、疗效显著"而享誉海内外，产品行销40多个国家和地区。

五芳斋：中华老字号"五芳斋"联合首发了能实现10000种组合的"私人订制粽"。浙江嘉兴五芳斋粽子是获原国家质检总局国家地理标志（原产地）注册的产品，"五芳斋"商标是国家商标局认定的中国驰名商标。五芳斋在传承民族饮食文化的基础上不断创新，对明清两代极具盛名的"嘉湖细点"的制作工艺进行了现代化改造，现已形成以粽子为主导，集传统糕点、卤味制品、米制品、肉食品、蛋制品、酒、调味品等为一体的系列产品群。五芳斋号称"江南粽子大王"，以糯而不烂、肥而不腻、肉嫩味美、咸甜适中而著称。

茅台：茅台酒独产于中国的贵州省遵义市仁怀市茅台镇，是汉民族的特产酒，是与苏格兰威士忌、法国科涅克白兰地齐名的三大蒸馏酒之一。1915年至今，贵州茅台酒共获得15次国际金奖，连续五次蝉联中国国家名酒称号，与遵义董酒并称贵州省仅有的两大国家名酒，是大曲酱香型白酒的鼻祖，有"国酒"之称，是中国最高端白酒之一。2016年6月8日，《2016年BrandZ全球最具价值品牌百强榜》公布，茅台排第93名。

范式82：第一、唯一（VPMsaid一表通：d10）

【范式描述】

以最大、最强、最优和独树一帜、与众不同为目标的商业模式。

【标杆典范】

苹果：独一无二的设计，引领潮流。

韦尔奇：拯救GE，坚持数一数二理念，否则整顿、出售或关闭。

华为：华为技术有限公司是一家生产销售通信设备的民营通信科技公司，2016年8月25日，全国工商联发布"2016中国民营企业500强"榜单，华为投资控股有限公司，以3950.09亿元的年营业收入，成为500强榜首。2016年11月22日，华为首次成为全球利润最高的Android智能机厂商。2017第一季度，在服务供应商路由器和电信级以太网交换机市场中，华为首次超越长期霸占核心路由器市场全球首位的思科，占据核心路由器市场的全球第一份额。

海底捞：其独特的理念与服务受到很多人推崇。如海底捞四川简阳火锅店，是"一个让人意犹未尽的地方"！那里的食物"很新鲜"，味道"一流"，分量"很足"，价格"很公道"，环境"挺不错"。每桌都"至少"有一个服务员，所有的服务员"不管什么时候"看到你都会"恭敬"地问候。等位子时有"免费"茶点、"免费"美甲和擦鞋。大厅还有儿童乐园，有阿姨"专门看管"，每位小朋友还都有"免费"蛋羹。有三本书介绍海底捞，第一本叫《海底捞你学不会》，第二本叫《海底捞你学得会》，第三本叫《海底捞你能不能学会》，足可以看出它的火爆程度。

范式83：文化（VPMsaid一表通：d11）

【范式描述】

文化范式是以突出企业文化为特色的商业模式。企业文化又叫组织文化（Corporate Culture或Organizational Culture），是一个组织由其价值观、信念、仪式、符号、处事方式等组成的其特有的文化形象。企业文化是在一定的条件下，通过企业生产经营和管理活动所创造的具有该企业特色的精神财富和物质形态。它包括文化观念、价值观念、企业精神、道德规范、行为准则、历史传统、企业制度、文化环境、企业产品等。其中价值观是企业文化的核心。

企业文化是企业的灵魂，主要有创新文化、责任文化等，是推动企业发展的不竭动力。它包含着非常丰富的内容，其核心是企业的精神和企业或企业中的员工在从事经营活动中所秉持的价值观念。

创新文化是指在一定的社会历史条件下，在创新及创新管理活动中所创造和形成的具有特色的创新精神财富以及创新物质形态的综合，包括创新价值观、创新准则、创新制度和规范、创新物质文化环境等。创新文化是一种培育创新的文化，这种文化能够唤起一种不可估计的能量、热情、主动性和责任感，来帮助组织达到一种非常高的目标。创新文化已经成为当今成功企业的核心竞争力。

责任文化是企业员工在生产经营实践中逐步形成的，为企业高度负责的理念、精神和行为准则。其核心内涵是企业员工的责任心和责任感，加强企业责任文化建设，其实质是不断提高企业员工的责任心和责任感。这种责任心和责任感的高低、强弱对于企业的科学发展具有多方面的意义和作用。

【标杆典范】

中国央企：具有鲜明的中国特色社会主义文化特征，接受中国共产党的领导，肩负使国有资产保值增值的重大任务，同时承担国防与民生的重要公益责任。

阿斯利康：创新文化蔚然成风，企业设立首席创新官制度，各事业单元设有创新使者，推动了企业的发展。

范式84：行业标准（VPMsaid 一表通：d12）

【范式描述】

以行业标准制定者为定位的商业模式。一流的企业经营标准、规则与模式，是行业的标杆；二流的企业经营品牌、专利技术、文化，是行业的强者；三流的企业经营产品，搞价格竞争，是行业的搅局者；四流的企业卖力气，经营苦力，是行业的辅助者。

【标杆典范】

美国：如果把美国视为一个企业，这家公司一直定位自身为全球贸易规则的制定者、全球经济发展的领导者。从多年前的301、310条款可见一斑。

美国"超级301条款"是广义的"301条款"的一种，该条款始见于美国《1974年贸易法》第310条，《1988年综合贸易与竞争法》第1302条对其内容进行了补充，是美国贸易代表办公室利用贸易政策推行其价值观念的一种手段。其核心是以美国市场为武器，强迫其他国家接受美国的国际贸易准则，以此维护美国的利益。实际上，美国的贸易政策是攻击性的单边主义，通过潜在威吓的作用打开外国市场，是一种典型的恶意运用权力以达到美国贸易目的的行为。

华为：华为标准正在引领世界潮流。

正如马兵所言，华为最有底气的就是质量标准。在全球拓展这么多年之后，华为在与全球供应商不断合作的过程中，逐渐确立了高于业界期待的独特质量标准，质量已成为华为的第一核心竞争力。

另外在2017年中国国际信息通信展览会上，华为公司无线网络产品线副总裁甘斌对外表示，国际领先的5G通信标准，现在已经从研究阶段走向预商用阶段。

# 第三章 模式家实践指南

模式家的基本职守就是模式设计与模式操盘，既需要具备扎实的商业模式理论基础，也需要谙熟众多的商业模式范例，更需要拥有丰富的商业模式实践体验。无论成功与失败，都需要有深刻的总结与反思，具有敏锐的洞察力、强大的领导力与迅捷的执行力。

本章着重介绍商业语境下人的本质与相互关系、系统阐述全新的 VPMsaid 商业模式集合理论、商业模式设计框架以及模式家操盘要领。

第一节　人的商业本质及相互关系

一、"自利人"的商业守则

人类并未完全认识自我。对于人的商业本质的认识，大致经历了如下几个阶段：自然人—经济人—社会人—复杂人—自利人。

最初是"自然人"，那时是农耕时代，自给自足；其后是"经济人"，这是由于商品经济的发展；再后是"社会人"，随着社会的进步，人们的交往越来越密切；上述划分亦未能深刻把握经济活动中人的本质，因为人们除了经济，还受到诸如信仰、情感、兴趣、生理等因素的影响，故此认为人是一个"复杂人"。

由于封建奴役思想的长期侵蚀，按照中国的传统思维，一般会比较极端的去分析人，要么认为人会大公无私、至圣至清，要么认为人是贪得无厌，无恶不作，这些都不能正确指导经济活动中的人际关系。现实社会中绝大部分存在的是"混杂动机"，正如法国道德家德·拉·罗希夫公爵所言"我们往往应该为我们那些高尚行为感到无地自容，如果它们背后隐藏的动机被公之于世的话"。圣经说：人有犯罪的本性，亦有良善内住。因此，"自利人"的概念出世了，它大胆明确地揭示出人是受利益驱动的，人有趋吉避凶的天性，人的第一需求是对自身有利，同时又必须遵守规范，使人的活动只能自利却不能损人。

笔者把"自利人"概念定义为人类商业活动的天条。超越了自利不害人的界限，世界就会混乱，商业公平将无从谈起，商业文明就会倒退。

二、难以违抗的人生法则

既然人由父精母血孕育，而又成为一个复杂的社会人，他的行为就必然受到自然规律和社会规律的制约。作为一个模式家，不论您是否遵从，有五条法则始终左右着您和他人一生的行为，包括商业行为。

（一）自然法则（生命法则）

吃喝拉撒、新陈代谢、生老病死是生命的规律。不及时补充水分和营养，生命就会枯竭；不注意保健，就容易衰老；过度疲劳会诱发疾病，不及时治疗，疾病就会恶化；不运动锻炼，人就毫无生气。

（二）快乐法则（心灵法则）

追寻快乐、逃避痛苦是人的天性，因为快乐可以使人健康长寿。

（三）市场法则（物质法则）

等价交换原则是人类商贸活动的根本指导原则。商品的价格伴随着价值上下波动，背离价值的交易活动是会夭折的。

（四）公共法则（法律准则）

维护社会活动和公共秩序的是国家宪法和法律法规以及国际法和条约。

（五）道德法则（文明法则）

法律是个人行为规范的最低底线，要做一个高度文明的当代模式家，还要有高度的道德修养，如孝敬父母、承担起社会的责任和家庭的责任、关心和帮助他人等。

三、互助促进人类发展

一个人的成功，离不开社会环境和人际关系。人与人之间绝不是单纯的金钱买卖关系，而是相互依赖的合作关系。一个产品从构思设计到投产成品再到成功售出实现价值，光靠一个人的能力是不可能完成的，如载人航天、基因工程更是需要汇集全人类的智慧和几代甚至几十代人的努力。只有互相学习、互助合作，个人的潜力才能得以充分发挥。

第二节　商业模式全新理念

企业价值来源于价值创造，价值实现来源于价值输出。企业价值，也体现在客户价值的提升，包括客户的购买力和影响力。企业竞争过程中，谁拥有客户，谁就能成功；谁拥有高价值客户，谁就是高价值企业。

一、商业模式评判标准

商业模式设计及其打造和运作，是企业创造价值、实现价值的根本有效方法。真正有价值的商业模式，应该能够"顶天立地"："顶天"即支撑战略，"立地"即扎根市场。既不能用简单复杂做标准，也不能以时间成本来约定。

不能绝对说商业模式越简单越好，要看企业在什么领域、什么阶段。长期看，只要能够盈利并持续经营的，都是好的商业模式。那些能够促进人类发展与进步的创新模式，更是好的模式。但并非所有颠覆传统的创新模式都是好模式。

【例1】第三方付费并不简单，但也可以是很好的模式。Google 的目标顾客免费使用网络搜索，即产品或服务价格为零，搜索者和使用时间的增加不会增加 Google 的成本，它的盈利来自第三方顾客买单。因搜索免费，其顾客群日益庞大，Google 对那些想让搜网者优先搜到自己信息的第三方顾客的吸引力越来越大，第三方顾客因此愿意支付 Google 越来越多的费用。

【例2】京东亏了 13 年，确实很奇怪，一直亏损，而且是巨亏，甚至 IPO 以后也亏了很长时间，却能一直不倒。在京东快支撑不住的时候，马化腾领投的集团达到 18 家，其中以马化腾和腾讯集团率先注资 100 亿人民币，后 17 家注资 100 亿人民币，方将京东从垂死的边缘瞬间拉回来。而京东在大量资金注入后，开始了京东物流、京东限时达以及京东仓库等一系列的实体投资，终于在 2017 年扭转局势，未来一片光明前景。所以长期亏损仍然可以成为好得不得了的商业模式。

【例3】某大佬宣称 30 年内医生将找不到工作，智能医生将要代替大部分医生，这就是一种颠覆传统的模式创新。但笔者认为未必是好模式，因为广大医生是不会接受炒自己鱿鱼的新模式的。如果让智能医生做医生的助手，将医生从繁忙的简单流程业务中解脱出来，我想医生会欢迎的，广大患者在接受医嘱方面也会觉得更加安全放心。毕竟医疗的服务对象是无比宝贵的生命，智能医生的服务，还是需要有人来负责的。

二、培育互联网思维

未来企业无网将不胜！

互联网 + 传统广告，形成了百度；互联网 + 传统集市，形成了淘宝；互联网 + 品牌特卖，形成了唯品；互联网 + 传统银行，形成了支付宝。将互联网思维变成企业新的 DNA，拥抱互联网，成功有盼望。网络效应本质就是集成化自生式的发展，像病毒一样可以自我复制和生长。

互联网企业淘汰传统企业，本质为新商业文明淘汰旧商业文明。互联网解构原有价值链和产业格局，具有去中心化特征，主要通过云技术和大数据管理，改造提升传统行业商业模式，使原本较小规模的落后公司有可能弯道超车，赶上先进的大型企业，导致各行业格局发生巨大的变化。

未来所有行业的互联网化，将成为新经济形态发展的动力源。中国互联网络信息中心（CNNIC）发布了 2017 年度的《中国互联网络发展状况统计报告》，截至 2017 年 6 月，我国网民规模达到 7.51 亿。另据报道，截至 2016 年 12 月，中国网站数量为 482 万个，年增长 14.1%。据美国媒体机构 Zenith 发布的最新研究报告预测，在 2018 年，全球智能手机用户数量继续增长，其中，中国智能手机用户数量位居全球第一，达到 13 亿。在互联网信息数据时代（IT、DT），大的平台企业赢家通吃，只有第一，没有第二，BAT（百度、阿里、腾讯）三大互联网巨头围绕搜索、电商、社交、电子支付各自构筑了强大的产业生态。

以医药流通行业为例，药品流通作为医药价值链承上启下的中间链条，也正在受到电子商务的冲击。电子商务使得"端对端"交易成为可能，对于促进行业的扁平化，减少中间环节及其衍生的相关利益，提供了技术支持，并有力支撑了两票制，这对流通行业如何在医药价值链条上更好地体现自身价值提出了更大的挑战。

传统企业互联网化大致经过四个阶段：首先是传播层面的互联网化，即狭义的网络营销，通过互联网工具实现品牌展示、产品宣传等功能；其次是渠道层面的互联网化，即狭义的电子商务，通过互联网实现产品销售；再次是供应链层面的互联网化，通过 C2B 模式，消费者参与到产品设计和研发环节；最后是用互联网思维重新架构企业。绝大多数的传统企业目前仍在第一和第二阶段徘徊，纠结于要不要开通企业公众号，入驻天猫还是京东，并没有形成一整套的互联网转型思路，也就导致了绝大部分的传统企业互联网化浅尝辄止。

最彻底的互联网转型，是通过互联网思维去重塑企业的整个价值链。

传统行业转型升级，需要用互联网思维更新理念、提高认识，互联网思维是现代企业的先进思想体系，具有前瞻性与指导性。

1. **用户与社群思维**。以用户为中心是互联网思维的核心，互联网消除了信息不对称，使得消费者掌握了更多的产品、价格、品牌方面的信息，市场竞争更为充分，市场由厂商主导转变为消费者主导，消费者"用脚投票"的作用更为明显，消费者主权时代真正到来。商业价值必须要建立在用户价值之上，没有认同，就没有合同。社会化商业的核心是各类不同需求的社群，公司面对的客户将以社群网的形式存在，这将改变企业生产、销售、营销等整个形态。

2. **简约与极致思维**。在产品规划和品牌定位上，力求专注、简单；在产品设计上，力求简洁、简约。互联网时代信息爆炸，消费者选择太多，选择时间太短，消费者的耐心越来越不足，而转移成本太低。线下需要从一家门店出来再进入下一家，线上只需要点击一下鼠标，转移成本几乎为零。所以，必须在短时间内能够抓住客户！把产品和服务做到极致，把用户体验做到极致，超越客户预期。互联网时代只有做到极致，才能够真正赢得消费者的心。

3. **流量与大数据思维**。流量意味着体量，体量意味着分量。流量即金钱，流量即入口。大数据思维是对大数据的认识，以及对企业资产、关键竞争要素的理解。通过对大数据的挖掘，开发信息产品，是企业价值实现的重要路径。

4. **迭代与跨界思维**。"敏捷开发"是互联网产品开发的典型方法论，是一种以人为核心、迭代、循序渐进的开发方法，允许有所不足，不断试错，在持续迭代中完善产品。互联网和新科技的发展，纯物理经济与纯虚拟经济开始融合，很多产业的边界变得模糊，互联网企业的触角已经无孔不入，包括零售、制造、图书、金融、电信、娱乐、交通、媒体等，医药大健康是互联网 + 最后一块蓝海。互联网企业的跨界颠覆，本质是高效率整合低效率，包括结构效率和运营效率。

5. 平台与生态思维。互联网的平台思维就是开放、共享、共赢的思维。《失控》这本书启示我们：外部失控，意味着要把公司打造成开放平台；内部失控，就是要通过群体进化推动公司进化，在公司内部打造事业群机制。平台模式最有可能成就产业巨头，全球最大的 100 家企业里，有 60 家企业的主要收入来自平台商业模式，包括苹果、谷歌等。平台盈利模式多为"羊毛出在狗身上"，不需要"一手交钱，一手交货"。平台模式的精髓，在于打造一个多主体共赢互利的生态圈。将来的平台之争，一定是生态圈之间的竞争，单一的平台是不具备系统性竞争力的。

三、洞察客户需求

每个成功的企业，不管它们是否清楚地理解了自己的商业模式，但都在通过有效的商业模式来满足客户对美好生活的需求。企业必须了解新时代的客户群体，把握他们的癖好。未来客户将以"数字原住民、数字移民、数字旁观者、数字抵抗者和数字逃兵"各个群体特征为基础。

四、发挥商商作用

个人成功的决定因素是什么？是运气还是技能？虽说谋事在人成事在天，但方法论的指导不可忽视。马尔科姆·格拉德韦斯在《异类》中说：是"运气和偶然的优势"；巴菲特说：是"幸运精子库俱乐部一员，卵巢彩票的赢家"；比尔·盖茨说："太幸运了，生来具有一种技能"；马云说：因为相信，绝大多数人因看见才相信，只有极少数人因着相信，实现了梦想。笔者认为，成功靠商商，靠天生的禀赋与后天的学习、努力与实践。

商商（Commerce Quotient，CQ）即经商商数，是一种商务特质，包含商务天资以及商务智慧，是人们与生具备的商务天资和通过环境熏陶、学习、实践所积累的商务经验的总和。商务特质原理系笔者发现的新商业原理，即：正常人生而具有差异性的从商天赋，并在后天的商务实践中积累智慧。这种商务素质与能力构成了人的商务特质，人们唯有依赖商务特质，方能创造并获得财富。"商商"越高，创富能力越强。

20%的富人，占有了其社会总财富的80%，这是为什么？商务成功离不开商务特质。每个人都是特别的，每个人都有自己的遗传与特质，大多数杰出人才，都在其成功领域具有一定的天资禀赋，并且努力发挥先天优势，获得超强能力。个人从事自己喜欢与擅长的工作，就更容易做出成果。

五、寻求模式平衡

遵循"目标、时间、资源"三角理论，模式运作需要时间与资源，多快好省可以是目标，但需要高超的模式平衡。多，代表规模；快，代表发展；好，代表质量；省，代表投入。一般来说，多了快不了，快了好不了，好了省不了，省了多不了。

六、把握竞争动态

任何企业，所有竞争优势都是暂时的。企业需要一个动态的眼光，随时关注对手的变化，及时准确地回击，通过持续创新来赢得竞争。

美国维吉利亚大学教授陈洁明，是企业策略专家，动态竞争理论创始人。他的动态竞争理论提出：不以产业作为分析竞争的唯一范畴，强调竞争者本身的你来我往、一波一波的攻击与反击是竞争的基石。他把企业微观作为分析的基本点，而非行业中观。好比显微镜下看到细胞内部变化，而非只看到细胞。

要能够预判下一个竞争对手。竞争对手是谁——有何市场共同性、资源相似性？详细分析竞争对手——其警觉性、决心和能力。从宏观与微观掌握竞争对手的动态。

七、认识创新力与模式力

创新可以是发明专利，也可以是提供先进的技术、先进的工艺、先进的管理和先进的标准。从 0 到 1，是质变，是创新，是蓝海自生。从 1 到 N，是 1 到 1.0、2.0、3.0，是量变，是仿制，是红海求生。

得模式者得天下。如果说产品、技术、资金是企业的硬实力，管理与创新是企业的软实力，则商业模式可以视为企业的巧实力。设计巧妙和完整的商业模式，具有精准性、快捷性、高效性、攻占性和持久性。

各种模式都有成功者，也有大量的失败者，其原因在于好的模式还需要好的运作，即需要模式家操盘，当然也还需要一定的运气。

模式同心力量大。每个人都在模式之中，模式之内全是一家。模式犹如家庭，在模式里面，每一个人都是模式的一员，各自需要明确岗位与职责，要同心协力自觉地维护模式。

人的一生最大的悲哀莫过于从事自己没有兴趣的工作。

当今社会，人人都有经商的机会，每个人都被赋予了经商的潜力。你的一生，可以不去经商，但你不能没有商业头脑。并非人人都要从事商业，都做模式家；亦非人人愿意成为模式家；但是也绝不存在天生的模式家。如果你正在从事商务，那么一定要有模式家素养与模式环思维。

动机决定方向，行为决定结果。凡事欲则立，想做才能做到，想大才能做大。只有动机强烈的人才能真正获得成功！

笔者欣赏这样的理念：

经商要有模式，运作靠模式家！

危机即天机、压力即动力、失败即资本、融资先融智！

第三节　VPMsaid 集合理论

商业模式内容丰富，从产品上市到交易成功，经历了研发、生产、营销、竞争等诸多环节和阶段，我们不能把某个单一范式看作整体的商业模式。譬如某企业产品高定价，走高端品牌路线，只是代表其单一的品牌范式，并未体现出商业模式的全部。又如共享单车，数十家中，只有几家成功了，为什么？因为"共享"只是模式中的"招数"，光有共享的理念，没有整个模式的设计与运作，缺乏足够的资金、技术、人才、机制、服务、市场调研与营销推广，失败是必然的。商业模式犹如一桌酒菜的菜谱，其中有冷盘、热炒、烧烩、汤煮、点心、水果、酒饮等，整个菜谱体现了厨师的风格，某个名菜，如糖醋黄鱼，只能体现其中的特色，不能代表整个菜谱。

本书提出了"VPMsaid 模式环集合理论"：成功商业模式是 VPMsaid7 个方面各基本范式的艺术集合，各范式配套互动并不断循环与推进，形成动态与竞争的模式优势。每个企业、每个产品的商业模式，完全可以包含于 VPMsaid 7 个方面之中，在某个方面或几个方面拥有关键优势，并与其他方面共同配合，形成自身独特的完整商业模式与核心竞争力，这是商业模式 VPMsaid 集合理论的精髓所在。

所谓商业模式的竞争，就是企业在 VPMsaid 7 个方面同时展开的整体竞争。单个方面的范式，仅仅是商业模式的局部与部分描述，不能代表整体的商业模式。只有 VPMsaid 7 个方面各自的范式组成的集合，才是相对完整的商业模式。VPMsaid 集合中，共包含有 5400 种商业模式，分别代表 VPMsaid 7 个方面不同的模式优势与排列组合。我们还特意制作了商业模式教具—模式家转转，从中可以演化出 5040 种商业模式，以便更直观易懂地让读者尽快掌握商业模式主要架构与基本要领（见图 3-1）。

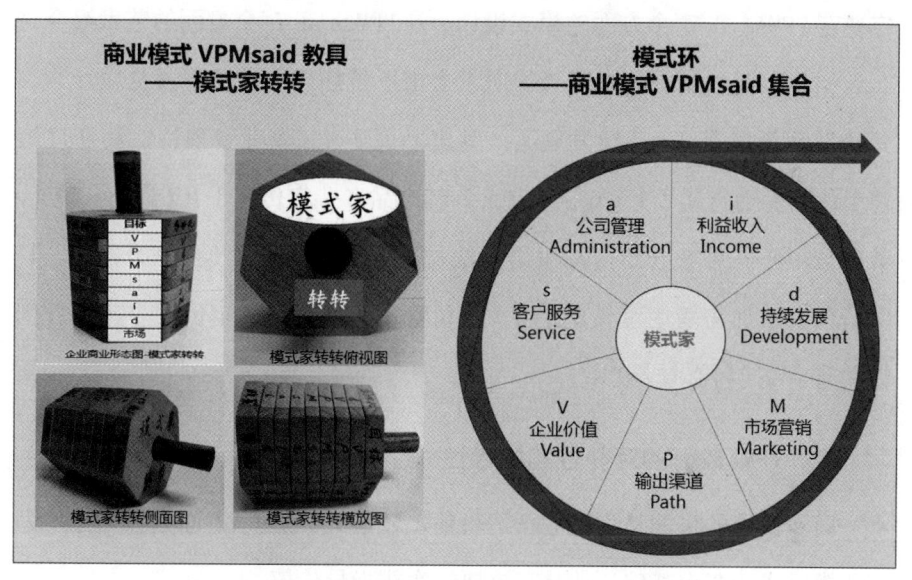

图 3-1 模式环与商业模式 VPMsaid 教具—模式家转转

一、VPMsaid 的独立性和完整性

首先，商业模式 VPMsaid 7 个方面各具有独立的价值：

企业价值（V-Value）：回答企业提供的有形与无形产品是什么；

输出渠道（P-Path）：回答企业通过什么机构组织传递价值；

市场营销（M-Marketing）：回答企业通过什么方法赢得客户；

客户服务（s-Service）：回答企业给予客户怎样的体验感受与售后支持；

公司管理（a-Administration）：回答企业怎样配置资源提高效率；

利益收入（i-Income）：回答企业怎样定价收费，怎样分配利益和运作资本；

持续发展（d-Development）：回答企业怎样创新拓展。

其次，商业模式 VPMsaid 7 个方面又是完整的整体：

一个企业的产品，从研发到生产，最终到达消费者手中实现销售，必定要有 VPMsaid 7 个方面的模式设计，是 VPMsaid 7 个方面的艺术组合。

如：阿斯利康制药有限公司研发上市了抗癌药吉非替尼（易瑞沙），其研发创新属于 d（持续发展），其产品属于 V（企业价值），其通过康德乐大药房销售属于 P（输出渠道），其产品专业宣传属于 M（市场营销），其店员耐心向患者介绍药品服用方法与注意事项属于 s（客户服务），其医药代表培训与费用审核属于 a（公司管理），其产品定价及与药店合作让利属于 i（利益收入）。

二、VPMsaid 的互补性和指导性

商业模式的目的是为企业创造价值，VPMsaid 7 个方面相互支撑，为商业模式成功奠定基础，并具有重要的实践指导价值。

V（企业价值）是企业生存的根本，V 越大，企业的价值回报就越大；

P（输出渠道）是企业的生存环境与合作伙伴，P 越多，机会越多；

M（市场营销）是开发客户的必要环节，企业收入来源于 M；

s（客户服务）是维护客户的重要环节，企业品牌依托于 s；

a（公司管理）是企业高效运营的基本活动，a 优秀效益才能彰显；

i（利益收入）是企业稳定的基础，合理的 i 是企业长久的保证；

d（持续发展）是企业开拓创新的目标和动力，d 是未来和希望！

VPMsaid 7 个方面具有高度的实战指导性。

某种意义上，VPMsaid 集合理论就是"V 理论"。VPMsaid 中，V（企业价值）是基础也是目标，其他 PMsaid 6 个方面都在围绕着 V，PMsaid 越优秀，V 越有价值。也可以这样看，只要 VPMsad 6 方面做好了，i（利益收入）自然就会提高，i 是踏踏实实做出来的，而不是绞尽脑汁设计出来的。

一般企业至少需要拥有 1～2 个方面的核心能力与优势，才能立足市场。例如，某药品研发外包服务公司（CRO）其核心价值（V）就是帮助新药做基础实验，达到阶段成果。某药品营销服务公司（CSO）其核心能力（M）就是帮助企业做产品营销和专业推广。

三、商业模式的循环变化与竞争性

商业模式是企业在市场上的竞争姿态，要根据社会环境变化与竞争者姿态改变而及时调整与优化，不能以不变而应万变。商业模式在一定时期内成功实施，才能启动下一个运作周期，是一个不断完善、不断重复、不断创新的循环过程。商业模式要有竞争力，就必须高于对手、快于市场，先一步胜百步，僵化的模式不仅贻误机遇，更会让企业遭遇险境、浪费资源，甚至倒闭退市。

四、VPMsaid 与传统 4P 的比较

VPMsaid 7 个方面涵盖了 4P，并丰富了 4P。其中 VPMi（价值、渠道、营销、收益）对应于传统 4P（P1-产品、P2-价格、P3-渠道、P4-促销），但其中的内涵有了很大的补充。V 对应 P1，不仅从有形与无形产品划分，更从企业价值创造角度，来定义塑造商业模式。i 对应 P2，不仅仅是价格收费，还扩展到价格体系、成本核算、产融结合等现代财务管理范畴。P 对应 P3，增加了互联网渠道及新媒体推广。M 对应 P4，关于产品，不仅

针对销售环节，还将产品从研发生产到销售售后的全过程，提升到现代营销的理念下设计商业模式。

五、VPMsaid 与传统 4C 的比较

VPMsaid 7 个方面涵盖了 4C，并丰富了 4C。其中 Msi（营销、服务、收益）对应于传统 4C（C1- 顾客、C2- 成本、C3- 便利、C4- 沟通）。M 对应 C1，营销的对象就是客户，并将客户扩展到用户。i 对应 C2，收益的基础就是成本核算与成本控制。s 对应 C3 和 C4，s 是大服务的概念，包括售前、售中与售后，也包括服务的便利与沟通。

六、VPMsaid 与商业模式画布的比较

有人认为商业模式共涉及 9 个关键板块，并将其整合在一个"商业模式画布"中，每个板块对应画布上的一个空格，通过向这些空格里填充相应的内容，描绘商业模式或设计新的商业模式（见表 3-1）。

表 3-1 VPMsaid 与商业模式画布的基本内容

编号	商业模式画布	VPMsaid 集合
1	重要伙伴	P- 企业价值（Value）
2	关键业务	V- 输出渠道（Path）
3	价值主张	M- 市场营销（Marketing）
4	客户关系	s- 客户服务（Service）
5	客户细分	a- 公司管理（Administration）
6	核心资源	i- 利益收入（Income）
7	渠道通路	d- 持续发展（Development）
8	成本结构	
9	收入来源	

商业模式画布 9 个关键构造块功能简单描述如下。

1. 客户细分：用来描述一个企业想要接触和服务的不同人群或组织。

2. 价值主张：用来描绘为特定客户细分创造价值的系列产品和服务。

3. 渠道通道：用来描绘公司是如何沟通和接触其客户细分群而传递其价值主张。

4. 客户关系：用来描绘公司与特定客户细分群体建立的关系类型。

5. 收入来源：用来描绘公司从每个客户群体中获取的现金收入。

6. 核心资源：用来描绘商业模式有效运转所必需的最重要的因素。

7. 关键业务：用来描绘为了确保其商业模式可行，企业必须做的最重要的事情。

8. 重要合作：让商业模式有效运作所需的供应商与合作伙伴的网络。

9. 成本结构：运营一个商业模式所引发的所有成本。

笔者认为"商业模式画布"是迄今对商业模式相对完整的描绘与辅导，具有一定的指导价值，但未涵盖"管理a"这一重要内容，管理a 直接影响着企业的效率，也同时决定了企业团队的素质与风貌，是商业模式不可或缺的重要方面。另外9 个构造块相互逻辑关系并不十分严谨，9 块之间不是同等并列的关系。"客户细分""客户关系"与"重要伙伴"同属"营销M"的范畴，"成本结构"与"收入来源"同属"收益i"范畴，"关键业务"与"核心资源"同属"发展d"的范畴。VPMsaid 7 个方面涵盖了商业模式画布中的9个要素，对于商业模式结构的表达更基本、更全面、更简洁、更纯粹，更直接地反映商业模式本质，更容易学习与应用。

第四节　商业模式设计框架

商业模式设计,模式家需要有基本的框架工具,根据 VPMsaid 7 个方面,从形式上细分为 7 个模块,从内在逻辑上划分为四个维度(20 个要素)。

一、VPMsaid 7 个模块

对应 VPMsaid 集合理论,商业模式设计可分解成 7 大模块:即"企业价值(Value)、输出渠道(Path)、市场营销(Markting)、客户服务(Service)、公司管理(Administration)、利益收入(Income)、持续发展(Development)"。

(一)企业价值模块(Value)

企业价值是企业的立身之本,企业具有寻求自我生存的天然动力,实现企业价值是每一个经营者追求的永恒目标。将个人价值与企业价值达成一致,并且企业价值与需求者所追求的价值达成协同,不断满足客户新的需求,是企业价值实现的最高境界。如企业价值超出客户需求价值,则企业具有较大上升空间,反之,企业将陷入困境。

企业价值模块设计的主要内容如下:

1. 提供何种产品?(有形产品、服务、平台)

2. 如何提供产品与服务?(自己生产、外包生产、C2F 定制、OEM、

进出口等）

3. 如何提供好产品？（产品研发体系、产品质量体系）

4. 承担何种社会责任？（社会责任体系）

（二）输出渠道模块（Path）

在现代商业社会中，互联网与新技术应用越来越普及，线上线下逐渐融合，跨区域、跨国境交易更加方便，渠道概念逐渐模糊，全渠道场景呼之欲出。企业经营者在渠道决策上，较之以前相比，不是更少了，而是更多了，这将更加考验企业经营者的智慧。选择高效的、成本可控的渠道范式，将成为企业价值实现的一个重要考量因素。

输出渠道模块设计的主要内容如下：

1. 传统商业渠道；

2. 零售连锁渠道；

3. 电子商务渠道：B2B、B2C、微商渠道C2C；

4. 融合渠道：O2O；

5. 直销渠道：F2C；

6. 医疗机构渠道（医药产品）。

（三）市场营销模块（Markting）

营销是持续的主题，市场营销贯穿于商业模式的每一个环节。市场营销在技术、信息、资本的带动下，形式更为多样而隐蔽，而内容营销已成为当下最为突出的方式，特别是借助自媒体的内容营销，不仅仅成为最为主流的选择，而且已经对商业模式的构建产生了重大影响。

市场营销模块设计的主要内容如下：

1. 产品定位：挖掘产品（服务）优势与核心价值，解决客户痛点；

2. 客户细分：根据产品系列，针对不同的客户与需求进行客户细分；

3. 市场分析：研究政策导向、市场容量、竞争动态、区域特点与变化趋势；

4. 实施方案：根据企业战略，明确竞争策略，确定营销目标，制定实施方案。

（四）客户服务模块（Service）

客户服务在商业形态出现的第一天起就已经呈现价值，在商业模式的框架中，服务是成熟商业模式的助推引擎。可以说，没有服务，就不可能有好的商业模式，没有服务，就会使商业模式失去竞争力。

客户服务模块设计的主要内容如下：

1. 客服专员：专人负责客户咨询、投诉；

2. 产品手册：详尽、专业、简明的产品说明书；

3. 服务守则：具体、实用、全面的服务承诺；

4. 客服电话：随时可以接通的服务热线，亲切、专业的服务话术；

5. 定期访问：客服探访客户，或委托第三方做客户满意度调查；

6. 增值服务：信息、数据、垫资、平台等免费服务。

（五）公司管理模块（Administration）

管理目标是取得成果的基础。所有的管理范式，都是与企业价值实现形成相互影响的关系，管理的维度随着企业价值的扩大、持续发展和影响力的提升，其宽幅和幅度就不断地演变。人有惰性，在知识与能力方面也存在局限性，人与人之间更是存在差异而具有利益冲突，企业离不开管理，公司管理是赢得市场竞争的软实力。

公司管理模块设计的主要内容如下：

1. 现代公司治理体系：党委会、董事会、监事会、高管层"三会一层"管理；

2. 资源整合：股权结构、业务体系设计、资源配置；

3. 人力资源管理：组织架构设计、薪酬管理、激励机制、员工培训；

4. 运营管理：业务流程、经营效益、质量控制、客户管理、供应链管理（物流、信息、资金）；

5. 财务管理：资金管理、三费管理；

6. 合规与风险管控。

（六）利益收入模块（Income）

具有收入和利润，是企业商业模式得以延续的前提。随着免费模式的出现，商业模式的演变进入了新时代。可免费的也是最贵的，企业依然会通过其他形式的利益收入形式实现收益。利益收入的设计，需要综合考虑消费者心理与企业持续发展。

利益收入模块设计的主要内容如下：

1. 产品定价策略：高价格、低价格、普通价格、免费、第三方付费等；

2. 价格政策：全价、折让、返利、补贴、账期等；

3. 产业金融：垫资、融资租赁、质押、保理等；

4. 利益分配：股东权益分红、股权激励、员工奖金、社会捐赠等；

5. 资本运作：投资、参股、融资（减持、发债）等。

（七）持续发展模块（Development）

发展是为了更好的生存，一旦停止发展，企业就会被市场淘汰。持续发展是企业经营最为基础和原始的目标，只有持续发展，才能为新商业模式提供实践舞台。企业发展需要拼搏精神和创新意识，在综合优势、项目优势、区域优势竞争中勇于争先。

持续发展模块设计的主要内容如下：

1. 战略引领：环境分析、政策研究、竞争对标、行业预测、目标规划；

2. 持续创新：用人机制、激励机制、创新体系（理论创新、制度创新、业务创新、技术创新、管理创新）、大数据、互联网+、人工智能等；

3. 保障体系：制度保障、人员保障、资金保障、管理保障。

二、商业模式内在逻辑：四个维度（20个要素）

在VPMsaid商业模式7个方面的内在逻辑中，蕴含了"企业基础、企业制度、企业运营、企业发展保障"四个重要维度（20个要素）（见表3-2）。

表3-2 商业模式内在逻辑：四个维度（20个要素）

编号	1-夯实基础	2-完善制度	3-高效运营	4-快速发展
1	产品赋能	权责分明	专业化	战略竞争力
2	客户联动	规则明晰	信息化	品牌影响力
3	团队精干	架构合理	智能化	创新颠覆力
4	管理提升	激励有效	投资聚焦	机制协同力
5	资源整合	程序优化	考核严明	文化向心力

如果说商业模式模块是基本不变的，那么通过对企业四个维度的分解，将看出商业模式更加的丰富和灵活多变，使得商业模式架构更加稳定和具有生命力。企业需要通过一点一滴的建设，将各个要素有机地汇集并运用，才能摸索出适合自己企业发展的独特路径模式。

（一）夯实基础

企业生存与发展的基石，离不开产品、客户、团队、机制和资源，这五个基础构成一个稳固的三角模型（见图3-2）。

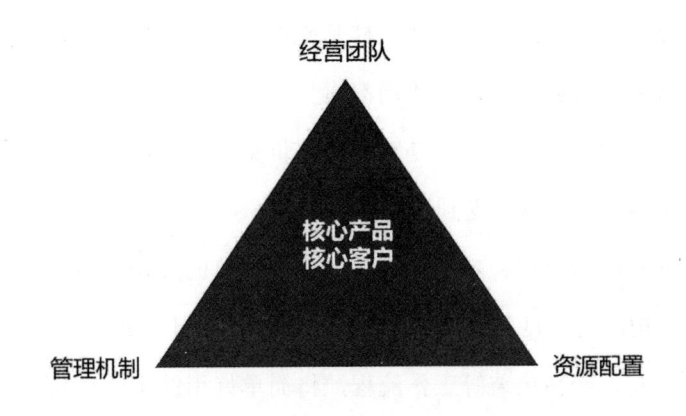

图 3-2 企业生存发展基础三角模型

如何加强企业基础，并利用外部资源为我所用，不断塑造和提升企业自我发展的能力，这是模式家首要考虑的问题。

1. 产品赋能

赋能就是给某人或物赋予能力和能量，其最早是积极心理学名词，意思是通过言行、态度、环境的改变给予他人正能量。后来被广泛应用于商业和管理学，其理论内涵是企业由上而下地释放权力，尤其是员工们自主工作的权力，从而通过去中心化的方式驱动企业组织扁平化，最大限度发挥个人才智和潜能。

这里借用"赋能"一词，给产品赋能，表示赋予一个产品更多的能量、发挥产品更大的作用。在产品设计之初，对产品功用的认知或许是模糊的、混沌的，但是当产品经理、项目组不断地丰富和完善产品功能的时候，其产品的价值则将更加清晰地呈现在设计开发者的面前，也使消费者更加了解并喜爱此产品。

无印良品作为日本一家零售企业，在最初的时候，也走过很多产品开发的弯路，如怎样立足于产品的本身功能价值，将无印良品的理念通过一件衬衣传达出去。现在到无印良品任何一家店，都是以纯棉、麻为原材料，看到的都是白、灰、或一点点蓝这样基础的颜色，其他的元素则都被一一摒除，让顾客感受到"整洁淡雅而高贵"，这就是给产品赋能。"合理而便宜"，这种理念背后的支撑是高品质、价廉物美、不花哨的产品及其倡导的简约生活方式，从而受到消费者的追捧。

单纯的棉麻原材料、本色的产品元素、简单的产品标签标示、简单的产品包装，构成无印良品产品的鲜明特征。遵照设计开发产品、产品定位、产品潜能开发、产品包装等工作流程，将简单好用的生活良品，献给全球的消费者，这就构成了产品赋能最基本的特征。

2. 客户联动

锁定核心目标客户群体，通过产品和服务，构建与客户高黏性、高频次的连接关系，使客户在消费和体验中不断升级，从而构建出适合企业的最为核心和最为忠诚的客户群体。

西西弗书店经过多年的发展，通过自己经营的主品牌和子品牌，锁定超过百万级别的活跃会员，其所倡导的"引导推动大众精品阅读"理念，不断地将与之理念相同的读者连接在一起，并不断地优选和优化，成为书店不断向前的最为核心的力量。

3. 团队精干

经营团队是一个企业基础中最为生动、价值最高的一部分，在经营中扮演着非常重要的角色。企业应该重视团队整体的建设，加强业务培训。企业更要为那些真正创造价值的员工（约占20%），修筑更好的职业生涯通路，通过实行多元化的中长期激励，创造更多的高价值岗位，用心留住这些高价值员工，让他们组成核心团队，并通过他们向公司的客户、相关利益人传递企业的价值理念，让公司品牌深深植入所有客户与员工的心中。

4. 管理提升

管理不善是许多企业成本高企、业绩不彰的重要原因，在企业的基础建设过程中，管理提升成为当务之急，以目标管理为主要途径开展管理提升，是治愈的良方。目标管理是以目标为导向，以人为中心，以成果为标准，使组织和个人取得最佳业绩的现代管理方法。彼得·德鲁克认为，工作目标管理即成果管理。

美国管理学研究者彼得·德鲁克（Peter F. Drucker），在《管理实践》中率先提出了"目标管理"的概念，在明确公司使命的基础上，将公司的使命和阶段性工作重点转化成为工作目标，企业经营管理者通过管理方法论的建立，对工作目标进行细化分解，形成业绩考核和绩效考核体系，推动精细化管理，使得目标体系深入到每一个管理者和执行者，并通过管理过程中的全程可视化，管理机制以工作成果输出为导向，即可实现管理提升。

5. 资源整合

资源整合的通俗表达就是借船出海、借鸡下蛋，在企业发展过程中，市场上总是分散着专业人才和团队、优秀产品、专利技术、壁垒较高的准入资源，企业经营者能够识别并整合这类资源，为企业所用，筑起竞争对手无法靠近的护城河，构建起企业竞争的比较优势，并建立和优化企业的发展机制和体制，始终使得企业处于领先地位。

（二）完善制度

企业制度是企业赖以生存的管理规范，也是企业高速发展的活力源泉。制度以执行力为保障，良好的制度将保障组织中每个成员有序工作，促进每个业务流程与环节都得以顺畅运行。

1. 权责分明

组织中的每个部门、每个人清晰地知道各自的权利和职责，可以在合理的制度下各行其是、各司其职。

没有权力的职责，是没有效率的。一名保洁员，如果没有使用工具和进入办公区的权利，是无法开展工作的。有权利不承担责任的现象，不会出现在私营企业。

2. 规则明晰

工作规则要明晰，汇报体系、业务流程、评价标准等具体规则最好形成文字规范。大家都要遵守规则，遵循"要突破规则办事，首先需要修改规则"的原则。

3. 架构合理

业务架构要以市场为导向，对应客户需求、及时适应环境变化。

管理架构要以效率为导向，部门之间职能既不交叉亦无漏缺，个人工作既有压力也有潜力，互相配合高度协同。

管理层级与管理幅度因岗设立、宁缺毋滥，或因人而异、科学调整。

4. 激励有效

企业领导人要用共同的目标唤起员工的工作热情，这也是凝聚力的培养过程。

以公平为准则才能使激励产生效果。

公平理论是一种在社会的环境中比较过程与结果的理论。公平的感觉必须同时满足两个因素：一是员工的投入与收益的关系，二是这种投入与收益的关系和其他人相比较的结果。也就是说，人感到公平，首先是自己在投入和收益方面的公平；其次，和其他人相比，这种投入与收益的关系是否公平。

公平原理关乎人们生活的所有方面，对于企业管理的意义在于：企业应当公平地对待员工，当员工感受到不公平的时候，往往会采取多种措施和行动来缓解这种不公平的感觉。

5. 程序优化

随着公司业务增长，人员会越来越多，组织会增加很多部门与职能，原来的工作程序和操作流程需要及时调整与更新，优化完善不切实际或落后烦琐的程序。

（三）高效运营

高效运营可以降低成本、提高竞争力，伴随互联网、新技术的发展，高效运营成为企业竞争的重要维度。

1. 专业化

各项工作由专业人士设计与指导，各个部门由专业人员带领，避免外行领导内行。对外服务更要提倡专业精神，视客户为行家，而不是可以糊弄的门外汉。

2. 信息化

企业内外部交流与业务的效率，取决于信息化水平。企业信息化实质上是将企业的生产过程、物料移动、事务处理、现金流动、客户交互等业务过程数字化，通过各种信息系统网络加工生成新的信息资源，提供给各层次的人们洞悉、观察各类动态业务中的一切信息，以作出有利于生产要素组合优化的决策，使企业资源合理配置，以使企业能适应瞬息万变的市场经济竞争环境，求得最大的经济效益。

企业信息化管理系统主要有：MES 制造执行管理系统；DNC 生产设备及工位智能化联网管理系统、MDC 生产数据及设备状态信息采集分析管理系统、PDM 制造过程数据文档管理系统、Trcaker 工装及刀夹量具智能数据库管理系统等。

3. 智能化

随着物联网、人工智能 AI 的发展，传统工厂与很多领域可以使用机器人代替人工，极大提高企业效率。

4. 投资聚焦

将有限资金资源集中投资于关键业务，或长期投资某个领域，更能体现经营效率，避免"天女散花"，分散力量。

5. 考核严明

定期考核，实事求是。不夸大业绩，不隐瞒差距。对标先进，制定改进措施。按制度与考核标准及时兑现奖惩，奖优汰劣。

（四）持续发展

商业模式的优劣判断，唯一尺度就是看企业能否持续发展。企业持续发展，依赖于战略竞争力、品牌影响力、创新颠覆力、机制协同力、文化向心力五大力量。

1. 战略竞争力

战略在军事领域意指指导战争全局的计划和策略，在政治和经济领域，泛指统领性的、全局性的、左右胜败的谋略、方案和对策。

战略是未来的模式、模式是当前的战略。

战略对于企业具有权威的引领作用：

（1）为企业明确发展方向、找准市场定位。

（2）是企业行动的指南，可以避免迷失方向、或减少盲目决策，浪费资源，丧失发展机会。

（3）是企业管理和内部控制的最高目标，有助企业提高决策水平，强化风险管理，提升企业经营效率、效益。

华为今日之成就，重要的贡献就在于战略眼光、战略规划、战略统领、战略落地。企业应始终规划未来十年，始终瞄准国际市场，始终学习世界经验，始终坚持创业创新。

2. 品牌影响力

品牌（Brand）是一种识别标志、一种精神象征、一种价值理念，是品质优异的核心体现。

品牌是企业的无形资产，不具有独立的实体，不占有空间，但它最原始的目的就是让人们通过一个比较容易记忆的形式来记住某一产品或企业，因此企业或产品可以通过品牌塑造，在社会公众和目标客户心目中产生一个独特的形象、占据一个独有位置。

茅台酒的品牌影响力之大，可以跨越国界、延续时代、深入人心、碾压同行、逆市上扬。

3. 创新颠覆力

创新是人类特有的认识能力和实践能力，是人类主观能动性的高级表现，是推动民族进步和社会发展的不竭动力。

创新也是模式家设计商业模式的基本要求，好的模式创新，可以支撑企业生存、推动企业发展、赢得未来的竞争。

创新可以分为三个层次和五个基本类别。

（1）创新的三个层次包括：①原始创新——无中生有的创新。②集成创新——在众多成果基础上博采众长的合成创新。③改进创新——在原有基础上逐步改进的微创新。

（2）创新的五个基本类别包含：①理论（理念）创新；②技术（工）创新；③产品（服务）创新；④管理（机制）创新；⑤模式（制度）创新。

4. 机制协同力

管理是软实力，大型企业集团主要靠制度和机制推动企业发展。

普通列车仅靠机车牵引，车厢被动前行。高铁则采用"动车组"，相当于多个火车头共同发力，带来时速倍增。

动车模式对于企业而言，就是建立"共创、共担、共享"的良好机制，让每个员工围绕着共同目标，自我激励、自主工作、自发创新，各个业务板块能够自带发动机独立运营，又能连体协同发展，使公司从职能型管理向平台型公司转化。

　　腾讯公司的试错机制及双团队竞争机制，挑战自我，置之死地而后生，从而诞生了微信范式，为公司打下了万里江山、牢固根基。

5. 文化向心力

　　企业真正的基业长青、永续发展，根本上要靠文化向心力。企业应以人为本，以市场为导向，不断满足客户需求。

　　企业文化要建立在正确的信仰中，用先进理念激励员工、培育员工，凝聚人心、创造价值。

第五节　模式家操盘要领

商业模式需要遵循企业战略，更要符合市场规律，才能为战略落地提供实施路径；只有践行现代管理，才能高效运营；只有注重品牌建设，才能卓越不群；只有善于创新，才能永续发展。模式家是企业商业模式的设计者，更是商业模式的实践运作者（见前文中图1-3）。

模式家需要对以上原理了然于胸，并常常反思商业模式，问问自己下面四个根本问题：

（1）创业为何夭折？

（2）企业为何亏损？

（3）业务为何萎缩？

（4）员工为何离职？

模式家是否能够设计出好的商业模式，并出色地操盘运作，最终获得成功，取决于是否具备优秀的动态全局观，并运用VPMsaid集合理论开展模式运作。

纸上谈兵终将失败，一个商业模式究竟好与不好，不是自己吹出来的，而要禁得住实践的拷问。本节将围绕VPMsaid 7个方面，提出32个问题，并逐一解析，为读者打开商业模式操盘视野。同时针对商业模式的20个发展趋势，为企业转型升级提供模式指导。

一、打开 32 个视角

模式家需要独特的眼光，本书提出 32 个模式视角与问题思考（见图 3-3）。

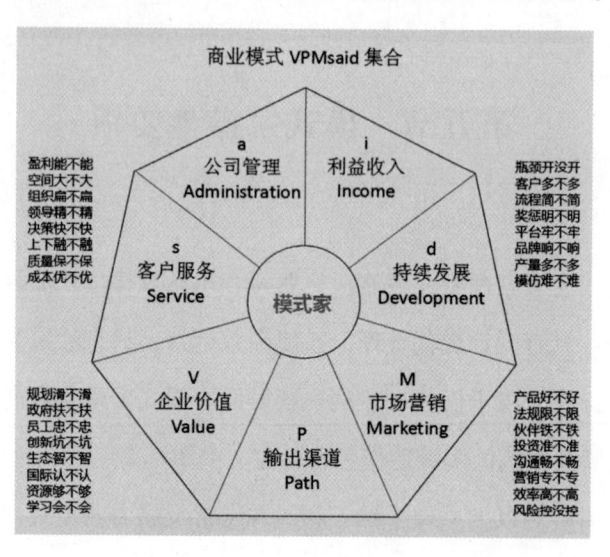

图 3-3 模式家的 32 个模式视角与思考问题

（一）盈利能不能（i）

这个问题结果导向直奔主题，是企业的根本问题，也是模式家首先要解决的问题。理论上说企业价值成本低于价值回报，企业就能盈利。这个问题里面其实有如下两个问题：什么时间可以盈利？盈利可以持续多长时间？

诺贝尔经济学家已经证明，宏观经济预测具有不确定性，不确定性即意味着风险性。同理，商业模式的成功也具有不确定性。要回答盈利性，模式家不能自欺欺人，轻易下判断忽悠老板与同事，模式家一定要想清楚和讲清楚假设条件，并提出相应的针对措施。

模式家要有强大的抗压能力，不但坚守并打造好的商业模式，同时要能够勇敢地指出企业现行商业模式的不足与落后，并提出自己可行的解决方案。

动态全局观。商业模式盈利，需要特定的环境与条件。现在不盈利，不代表将来不盈利；现在盈利，也不能保证长久盈利。盈利与否不仅仅取决于产品和企业价值 V，也不仅仅取决于客户和营销 M，还取决于 VPMsaid 的各个方面，是企业 VPMsaid 7 个方面的组合效应。没有一个商业模式是十全十美的，也没有一个成功的模式可以一成不变的运用于全球各地或长久的获得成功，商业模式具有时空局限性，需要不断完善与优化，甚至需要不断颠覆与创新，这就是商业模式的动态全局观。

（二）瓶颈开没开（d）

商业模式在运行过程中，或发展到某些阶段，总会出现困难与挫折，模式家要善于预测并发现其影响与制约的因素，针对关键因素对症下药，及时扫除障碍，突破瓶颈。质量有问题，就要提高质量；服务跟不上，就要完善服务；物流拖后腿，就要解决配送。

（三）规划滑不滑（a）

好的模式一定能够支撑企业战略，也需要好的规划相辅助。商业模式打造，不同阶段有不同的要求，规划一定要切合实际，能够执行。不能好大喜功，表面光滑，嘴上画画墙上挂挂。大型企业应该做 3～5 年的规划，中小企业必须要有 1～2 年的工作计划。

（四）产品好不好（V）

产品是企业的生命，企业价值主要体现在产品中。好产品是生产制造出来的，也是设计制造与营销推广出来的。要不断挖掘产品的内涵与外延，赋予产品更加丰富生动的价值。一颗钻石，有诸多性状，刚硬、透明、光滑、形状等，恰恰模式家挖掘出的内涵是年代的长远，制造的是"恒久"的场景，刚硬冰冷的石头成了美好爱情信物！

（五）空间大不大（Vid）

产品空间包括市场容量、市场潜力和利润空间，既是产品因素，也是市场因素、发展因素。市场容量大、潜力大一般属于新兴蓝海市场（如机器人、医院运营外包服务COO）；容量大、潜力小一般属于充分竞争的红海（如供应早点卖烧饼油条）；容量小、潜力大一般属于专业领域竞争（如罕见病渐冻人药物）；利润空间大只能专属于高科技创新产品与独特领先的商业（如苹果手机，BAT的领先平台）。创新与低成本是提升空间的有效途径。

（六）客户多不多（Ms）

客户是开发出来的，营销模式是否抓住了客户的痛点，满足了客户的需求？服务是否让客户满意？竞争对手做了些什么？与我们有何不同？竞争强不强？多分析市场，多了解客户，多学习对手，客户就会越来越多。

（七）政府扶不扶（d）

中国经济是中国特色的社会主义市场经济，政府充当主导角色。从政府的各项文件中，可以看到在很多民生领域，出台了众多行业引导鼓励政策。如：2030健康中国战略，双创战略，鼓励社会办医、大健康发展、新能源车等等，凡政府支持鼓励的产业优先发展，就能获得事半功倍的成效。阿里的电子商务模式带动了物流配送就业，获得了政府的支持，就是生动的实例。

（八）法规限不限（d）

中国正走向法治社会，各行业的监管与规范有利于行业发展。凡是法规限制的方面，商业模式应该主动摒弃，如有环保监管、医药监管、金融监管等等的方向，如虚拟货币投资、互联网诊疗、两票制、医药税收等应严格管控。

（九）组织扁不扁（A）

组织扁平化有利于提高效率，一般2～3级管理是比较有效的，但还是要看企业的信息化水平和管理模式。民营企业层级再多，聪明的老板也会对下属各层级了如指掌；某些国企层级不多，上下级也缺乏交流，信息化水平再高，也不会提高效率。现代企业也尽量扁平化，并通过信息系统加强纵向管理，弥补子公司层级过多（3～5层子公司）带来的信息迟滞。

（十）流程简不简（a）

流程越简化效率越高。有些企业为了防范风险和分担责任，项目审批流程特别长，贻误了商业机会。有些企业职责不清，流程混乱，高阶领导会在低阶员工之前审批事项，这是应该避免的。职位高的应该排在后面审批，因为职位高的审批意见，下阶人员应该服从执行。要建立绿色通道，紧急重要事务，可以越级反映请示，或跳级指挥实施，事后予以说明。生产流程要进行管控，不断简化流程，降低成本。

（十一）员工忠不忠（a）

从某种角度来看，员工是企业的第一产品，员工忠于企业与岗位职守，是每个企业的基本要求，要员工真正发自内心的忠诚，其首要前提是企业与老板要对员工真诚。上司对员工不够好，则很难想象员工会生产出好的产品，并提供给客户好的服务。上司要真诚地善待员工，就要尊重每一个员工，尽量提供好的待遇，营造公平竞争的氛围，为了企业目标与员工共同学习进步成长。

（十二）伙伴铁不铁（a）

企业发展需要良好的合作伙伴，包括上游供应商、下游客户与用户、战略投资人、商业联盟、外包机构等合作者。铁的关系建立在平等互利及信任的基础之上，想要做老大，就要先付出多担当；想要关系好，就要讲规则，在合作模式上界定清楚各方责任与义务，在具体业务中，认真履行合作条款。

（十三）领导精不精（a）

企业领导的素质条件有很多，德才兼备的标准普遍能够接受。"德"放在第一位是必须的，德可以仅仅是行为的表象，也可以是发自内心的美德。但德却很难衡量，在某些人眼里的道德楷模，可能在另一些人眼里是个"混世魔王"。做企业可以用制度规范行为，只要认真落实现代企业的"三会"管理、国企的党委领导纪委监管，以及严格开展对领导人的绩效定期考核评估，一般都能发挥较好的管理与监管作用。而"才"相对企业就尤为重要了，这里的"精"指精英，企业领导必须是精英，精明于企业发展、精明于商业模式、精明于用人管事、精明于创新创业。如果说德行高尚的人难得，那么企业精英也很难得，而德才兼备的人才就更难得了。这样的精英需要毛遂自荐，更需要伯乐有慧眼，也需要企业有一套科学的选拔用人模式。

德与才都可以培养，就看企业有没有实践与资源。企业不能停止运营，在德与才必须二选一的时候，大部分老板会先用人才，再培养观察，或重新招聘新人。马云则通过实践，逐步确立了优先重用跟随自己打江山的18位创业者的用人模式。忠诚放在首位，也符合阿里"价值观第一"的企业文化。

（十四）奖惩明不明（a）

企业健康不健康，就看奖惩模式。批评投机者，处罚渎职者，奖励优胜者，弘扬正能量企业要有正气，才能积极向上。

销售业绩怎么样，就看激励爽不爽。人人都需要激励与奖赏，实现自我价值，古代皇帝都知道问有功之臣"你想要什么赏赐"？模式家更是熟谙激励的妙用。激励首先要及时，激励可以是金钱，也可以是职位、股权，甚至对下级的一句关心、一个辅导也可以是很好的激励。其次激励要到位，如没有达到被激励者的基本预期，可能会产生对企业不满的副作用，还不如不奖励。激励的最高境界是发现下属的潜在价值、肯定其实际贡献，给予超越员工期待的激励。重赏之下必有勇夫，"士为知己者死"，及时到位的奖励将会发生惊人的奇迹。

案例：国家最高科学技术奖。2016年国家最高科学技术奖首次授予女科学家——中国中医科学院屠呦呦研究员，由国家主席亲自签署、颁发荣誉证书和500万元高额奖金。

案例：华为任正非2011年股权正向激励。提高饱和配股上限，让优秀的奋斗者按他们的贡献获得更多的配股机会，并称其"是一个大的战略"。任正非式的反向激励模式也很特别，他要求员工屁股对着领导，拍马屁罚款，有效倡导了"市场导向、人人平等"的管理原则。

（十五）创新坑不坑（d）

创新一定要能够解决企业问题、增强竞争力，或降低成本，或提高销售额与利润，或优化了管理，或产生了新的产品与服务价值。

有时候创新就是一个坑（陷阱），其结果会导致企业发展的受损或中断。企业必须具备一定的专业知识和科学创新能力，躲避创新陷阱，使企业的发展立于不败之地。

案例：有的企业为了搞电商，咨询公司请了好几轮，也设立了运营公司，几年来钱花了不少，就是摆脱不了亏损。

案例：有的企业是为了创新而创新，创新效果却难以被认可。例如企业培训的创新，搞所谓体验式教学，偏重于个人学分、学时的完成与考核，而忽略了实际问题的研讨,台上老师讲的很少,提问却很多,但对各种回答往往不做总结、概括与引导,一个小时可以讲好的内容,硬是花费了8个学时,这种创新岂非注了水分,浪费了宝贵的资源。

已有人总结出创新常见的众多陷阱:如技术至上陷阱、核心技术刚性陷阱、创新缝隙陷阱、完全自主陷阱、意识陷阱、资金陷阱、范围陷阱、业绩陷阱、体制陷阱等,可参考网络仔细研究。

(十六)投资准不准(i)

投资公司都有一套流程与模型,来甄选投资标的,如果是风险投资,也会允许一定的失败,5个投资有1个成功就算很不错了。

集团型企业的投资并购,往往是为了扩大规模而进行的横向并购,不允许有比较大的误判,收进一个名不副实的公司,就会直接影响企业的经营业绩。所以一定要摸清情况,谨慎投资。

有个医药企业为了研发国产胰岛素,花了10多年,厂房设备已经盖了好几年,就是临床研究过不了,拿不到药品注册批文,投资也追加了数亿人民币。这样的投资,其精神可嘉,但需要企业具有雄厚的资金与筹资运作能力,更需要有独到的眼光,判断项目的可行性,否则就是个无底洞,一定会拖垮企业。

(十七)决策快不快(a)

一般认为国企决策慢,民营企业决策快,大型跨国公司决策也比较慢。企业越大、管理越规范,流程越严格,决策就会慢下来,最终会影响竞争力,并丧失一些机会。解决之道就是建立绿色通道,对紧急性、竞争性的重大事项临时决策。或设立紧急备案制,先备案实施,然后再适时审核。备案制需要当事人勇于担当,并承担一定的风险责任。也可以采用充分授权制,企业一把手(董事长)只管战略与人事,业务经营与决策交给专业管理团队。

（十八）平台牢不牢（d）

平台模式具有把利益相关者聚集在一起，把产业资源整合在一起的重要作用。平台模式下，平台企业可以衍生出众多赢利模式，平台使用企业也可以借鸡生蛋，快速壮大业务。打造平台，要么做大，如BAT的搜索平台、电商平台、社交平台；要么做专，如米内网医药信息平台。要在平台上打造王牌产品和金牌服务，赋予平台强大的生命力，如2017年12月，广东有贝、腾讯、华夏银行开展战略合作，以腾讯的区块链技术为底层，打造供应链金融服务平台"星贝云链"。缺少王牌产品和金牌服务的平台价值有限，平台不稳固，很容易被对手的平台超越。

（十九）生态智不智（d）

生态系统简称ECO，是ecosystem的缩写，指在自然界的一定的空间内，生物与环境构成的统一整体。在这个统一整体中，生物与环境之间相互影响、相互制约，并在一定时期内处于相对稳定的动态平衡状态。

商业生态优势是指具有异质性的企业、个人，在相互依赖和互惠的基础上，形成共生、互生和再生的价值循环系统。企业的优势不仅仅来源于内部价值链活动的优势和资金能力的积累，还来源于外部资源的有效利用，即管理好不拥有的资源。

智慧的生态一方面充分发挥了产业价值链上资源协同组合的放大效果，另一方面，它的进化能力使其能够不断孵化出新的业务，形成新陈代谢正循环，同时激发企业内外部要素资源的创新活力，通过生态协同和网络效应，实现规模化经济的不断放大，使企业保持竞争领先。

智慧生态模式宗旨以打造企业智慧生态服务体系为目标，运用一切现代科技手段，连接价值链生态圈中所有相关者，促进政府、企业、机构、个人各方共赢。

（二十）沟通畅不畅（a）

通用汽车公司前总经理英飞说："我始终认为人的因素是一个企业成功的关键所在。根据我40年来的管理工作经验，我发觉所有的问题归结到最后都是沟通问题。"现代人最渴望的是理解，而得不到理解或工作效率低下的真正原因正是缺乏良好的沟通。

企业中的沟通是传达、倾听和协调，应为了解决某些特殊问题而进行必要谈话，调整心态以激发斗志，解决问题以改进工作。沟通的最高境界是使得"双方""愉快"地达成共识。这里指的是"双方"的"愉快"，而不是你单方的得意。不要把沟通变成"钩"通，一味要求对方服从自己，这样的"钩"通具有严重的破坏力，是勉强的、短暂的。也不要忘形于"骗"通，花言巧语，篡改事实，使得对方当时觉得你头头是道，无比诚恳，回家以后才发觉其中有诈，轻者认为你太猴精，决定以后少与你交往；重则对你的人品和诚信产生怀疑，进而对你的管理产生抵触，从此再也无法沟通。

古埃及有一种沟通方式值得借鉴：不论大事小事，几十个人围坐在篝火旁，一袋烟传递着，你吸一口，我吸一口，各自发表自己的见解，往往能谈出最佳方案，也能取得最广泛的一致。这种会谈方式又称"深度汇谈"，大家心平气和，有一种良好的氛围。

（二十一）上下融不融（P）

电子商务的基本形态是B2B、B2C，未来商业将没有纯电商，能够存在的是线上线下相互融合的O2O，"线上展示、交易+线下体验、发货"的综合推广销售模式，甚至是C2B2F的反向定制模式。企业要在顶层设计渠道模式、价格体系、组织架构、营销政策。

（二十二）品牌响不响（d）

品牌是企业的无形资产，也是企业的形象与生命。商业模式设计要重视品牌体系和品牌活动，模式管理要处处维护品牌形象。

优势品牌具有溢价功能和利润乘数效应，一旦投入巨资建立了一个品牌，消费者就会在一系列的产品上认同这一品牌。企业就可以用不同的形式，从某一产品、产品形象、商标或是服务中，重复地收获利润。美国迪斯尼公司是这一模式的缔造者和忠实实践者。它将同一形象以不同方式包装起来，米老鼠、米妮、小美人鱼等卡通形象出现在电影电视、书刊、服装、背包、手表、午餐盒、主题公园或专卖店上，每一种形式都为迪斯尼带来了丰厚的利润。

（二十三）国际认不认（d）

很多企业正在走国际化道路，包括国有央企，都希望产品与资本能够在国际上拓展市场。国际市场未必认同中国特色理念，在中国特色社会主义经济思想指导下，企业需要研究并遵循国外当地的法律法规与市场规则。关键在于自身的产品质量要过硬，要有技术创新，要能够促进国际贸易与交流合作，不能破坏当地的生态平衡，更不能投机取巧，行贿犯法。

（二十四）营销专不专（M）

市场营销是企业一切活动的龙头，营销搞好了，一俊遮百丑，企业就赢得了发展的空间；营销搞不好，企业在生存线上挣扎，苦劳等于零。营销的本质就是做客户的专业顾问，帮助客户做合理的决定，而不是引诱客户盲目购买产品。

医药行业专业推广就是生动的营销案例。国家制定了新的规定，医药代表信息要在管理部门备案登记，拜访医生要向医院申请，并只能向医生介绍产品知识，不得以处方兑费，引导医生开大处方、做大检查。既往带金销售的时代一去不复返了,医药代表必须要提升专业水平,才能与医生做学术交流,成为合格的医学联络人。

(二十五)质量保不保(V)

质量是产品的品质,有形产品有质量标准容易检验,无形产品如服务与咨询,能够保证质量就能赢得客户。

质量需要以一定的成本投入为基础,药品招标与其他工程招标一样,唯低价是取是极端有害的。有人点评说:"最低价中标"不改,谈什么工匠精神、中国制造!

常见的医患纠纷,很大原因就是医疗服务缺乏质量标准,一个医生给一个病人半个小时的检查与指导,与一个医生给一个病人5分钟的检查与指导,是没有统一标准的。同样,咨询公司的咨询报告,20页与200页也是没有统一标准的。这些智力服务与制造产品,更需要医院与企业严格把关,确保质量。质量不一致、不达标,最终影响的是医院和企业的声誉和生意。

(二十六)产量多不多(V)

买方时代,只有卖不出去的产品,没有买不到的产品,企业产品的库存管理就显得很重要。要应用现代供应链管理技术,科学制定库存,尽量做到以销定产零库存,生产与营销相互配合,结合旺季淡季的需求变化,合理生产、重点销售。

(二十七)资源够不够(a)

商业模式的成功,需要匹配相应的资源,如:政府资源、平台资源、渠道资源、供应商资源、专家资源、前期资金投入、团队人才等。模式家能够从零开始、以小博大,在不同的发展阶段,注入合适的资源,资源不足决不冒进,资源统筹绝不浪费。

（二十八）效率高不高（a）

商业模式竞争，有两个衡量尺度，一个是效益好不好，一个是速度快不快，提高工作效率是一条基本准则。提高资金与库存周转、精简流程、压缩会议、反对拖延、限时交付、绩效考评等措施，可以提高效率。

（二十九）成本优不优（i）

企业成本直接影响效益水平，主要包括生产、销售、管理、财务四块支出。成本不能孤立计算，因为产品是以性价比来衡量的，一定的成本下，追求更完美的产品，或一定的产品标准下，追求更低的成本。如果一味压缩成本而不顾产品质量，企业将很快被消费者抛弃。

（三十）模仿难不难（d）

商业模式要有一定的壁垒，才能产生竞争优势，与对手拉开距离。专利、资金、高科技、低成本、人才、政府资源、业务创新等，都可以形成壁垒。而持久的壁垒，还要靠精良的管理，所谓"管理出效益"，将员工打造成魔幻团队，人心齐泰山移，只有人是最难以模仿的。得人才者得天下，得人心者得人才。

（三十一）学习会不会（d）

模式力的首要支撑就是学习力，既会学又能习（实践）。在学与习之间，需要开展研究，研究深不深，决定了企业的命运，研究高度决定企业的领导力，研究深度决定企业的专业度，研究广度决定企业的开拓力。

学习的最佳教材，就是国际标杆、成功者和竞争对手。

基于人工神经网络的深度学习，以及计算机运用知识飘移的学习新方法，向人类打开了一扇门，未来机器学习能力将大大超过人力，人们可以应用人工智能辅助学习，更好更快地掌握人类的未知领域，发展新业务、新模式。

（三十二）风险控没控（a）

企业经营的各个环节，诸如决策、投资、用人、创新、生产、采购等经营活动，必然会遭遇各种风险。风险就像出血点，不加控制就会扩大，导致大出血，甚至休克或死亡。所谓防火墙就是风险管控，好的商业模式要设计一套制度，用机制来识别和控制风险。大型集团化企业都有风险管理制度，有些还专门设立了风险管理职能与专人岗位。

二、把握20个趋势

在第一章第六节中我们介绍了未来商业模式的基本演化历程，商业模式实践需要把握历史机遇、顺应时代发展的方向。在新商业模式浪潮下，各行各业都在＋互联网＋新技术＋跨界＋合作＋移动＋智能＋生态＋创新。"服务—创新—个性"已经成为现代企业全力追求独特优势的重要基因，商业模式发展主要有20个趋势，笔者将针对这些趋势提出应对策略与方法，希望读者能够切切牢记并运用在模式实践中。

VPMsaid理论总结了20个商业模式趋势（见图3-4）。

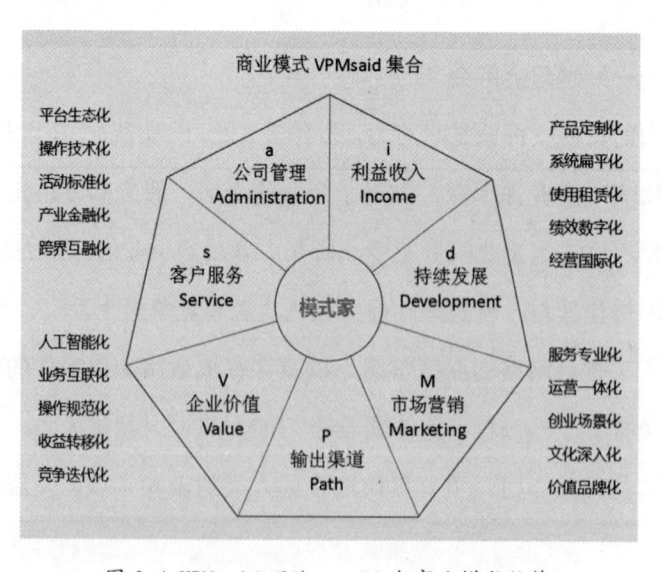

图3-4 VPMsaid理论——20个商业模式趋势

（一）平台生态化

通过平台撬动整合其他企业的资源，用无限生产满足无限需求。合作企业更灵活，成本大幅下降，进而实现社会资源大整合，重构价值链生态圈，使这一系统能够创造价值，并使各方从中分享到更多利益。

平台上的企业互补互助、共生互生，不断触发融合、再生创生，形成一个自循环的生态体系，这就是平台生态化趋势。

未来企业要么是平台，要么在打造平台，要么是平台的参与者，除外别无选项。平台生态模式具有放大效应，超越企业的自身资源能力，各群体借助平台整体优势能得到快速增长。如：淘宝、天猫自己创建的新生态圈，作为电商为1000万小企业提供销售平台。马云的哲学是希望打造生态系统，赋能其他人，协助他们去销售、去服务，确保他们能够更有力量。希尔顿酒店全球服务平台，重资产投资＋大企业签约＋特许。无人驾驶超级汽车，平台＋内容＋终端加应用。中国好声音，开发商通过第三方平台发布软件。

阿里、腾讯的成功，源于"双边市场理论"，其"平台效应"几乎达到了顶峰。平台吸引的卖家和买家越来越多，网络外部性越来越强，用户黏性越来越大，边际成本接近于0。除非出现颠覆式的技术，否则攻破这样的"平台"是毫无可能的。经济学家吴敬琏指出：从经济学角度看，平台经济的一个特性就在于规模形成正反馈状态，而一般的产业规模达到一定程度就变为规模不经济。其中，不但有生产方的规模经济，而且也有消费方的规模经济，规模越大越有效，越有效规模变得越大，最终就可能形成很高的市场份额，涉及经济学意义上的垄断。

平台企业要有自身的独特产品及核心资源与能力，平台够大才能打造出平台生态；平台够专，才会形成生态体系；平台够强，才能壮大发展。

综合性业务交易平台要能够汇聚物流、信息流、资金流，为供应商、产业链、终端用户、合作伙伴、政府监管等各生态方提供支持。

专业性业务合作平台要有国际化视野，汇聚国际化人才，应用高新技术，提供高端服务。专业平台一般包括信息平台、数据平台、研发平台、培训平台、学术平台、广告平台、招募平台、技术平台、交友平台、沟通平台、调剂平台、中介平台、咨询平台等。

【例1】某企业6S服务平台是专门为供应商伙伴推出的全方位医院服务战略模式。S是服务（service）的简称，包含供应链金融服务、招商服务、学术事务服务、政府事务服务、重点客户一站式服务和信息服务六大平台。（见图3-5）

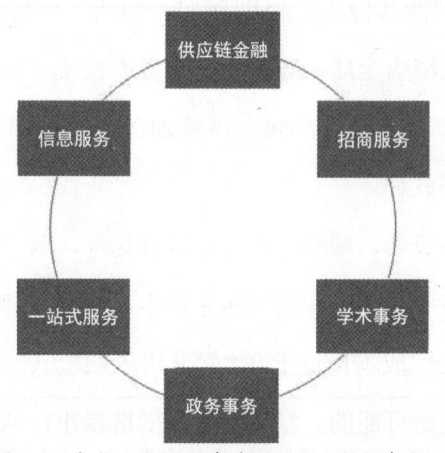

图3-5 某企业医院服务中心6S综合服务平台

供应链金融是由金融机构将核心企业和上下游企业联系在一起提供灵活运用的金融产品和服务的一种融资模式，引入到药品供应链中能够解决现金流变化带来的资金问题；招商服务则是将终端市场资源进行协同整合，搭配学术事务服务，助力终端合规推广；政府事务服务是承接好政府、协会/学会以及各大医学院校的工作部署，同时为客户带来增值服务；一站式服务是连接重点客户与企业的一个纽带,做好对接,致力于一站式满足客户需求;信息服务涵盖范围很广,从政策到市场,从宏观到微观,从搜罗信息到分析市场,公司的信息载体也与时俱进,从短消息到微信,从论坛到新媒体,取得了越来越多的信任和关注。

该成功的关键(Vsd):提供药品供应和医药专业服务,打造全球大健康生态体系,持续转型创新,不断提升平台服务能力。

(二)人工智能化

在人工智能化趋势下,人力越来越渺小,机器越来越强大,大部分人的体力劳动与重复性简单劳动,甚至大部分复杂计算,都可以由机器人替代。无售货员超市、自动驾驶车、无人运输机等,已在路上。机器人基金经理业绩优于人类,机器人作家、画家、心理学家等,也已并不遥远。

未来社会有四种趋势。一种是盛衰交替,一种是稳定发展,一种是人类灭绝,一种是加速增长。有人坚信能够建立人工智能超越人脑的未来,有人警告人工智能终将给人类带来重大灾难。不论你相信哪一种后果,今天人工智能正在快速改变人类生产方式与生活方式,并且将会影响至少40%的现有岗位模式。

商业模式要怎样应变,才能实现企业目标、不被淘汰?

首先要更新观念,机器对人类的优势,是那种永不休止、永无怨言地从事同一动作的"优势"。人工智能改变的不仅仅是人力成本,更重要的是可以提高生产效率、极大地改善产品的质量与均一性、极大地丰富产品系列、甚至能够创造新的产品与服务。未来的竞争对手是一个精英分子、一个精英团队,也可能是一个智能机器人合成团队。

其次要善于学习和应用,紧跟发展,随时了解人工智能的发展动态,尽可能地投资有价值的机器人项目,并第一时间与上市机器人开展合作,通过人工智能提升企业价值。

【例2】富士康公司郭台铭百万机器人计划。2011年8月,郭台铭宣布:计划在工厂配备100万台新机器人,其中一些会"代替"工人。在苹果公司的代工厂富士康,iPad怎样组装在一起?组装一部iPad,需要5天时间,以及经过325个工人的手。如今iPhone的设计足以消灭一些工人的岗位,譬如iPhone5手机后盖的制造,要通过精细到头发丝那样的激光工艺,把微小的零件焊接到后盖上——这可以让技术工人操纵激光焊接机来完成,或者干脆让机器人操作激光焊接机。莱恩精机公司是这种"苹果标准"的"受益者",在深圳,它曾连续多年为富士康供应超精密整平机械手,这种设备能冲压出高精度的工件,包括手机侧面的小按钮,或者深藏于iPhone里的小弹簧。富士康自行研发、生产的工业机器人,跟那些国外品牌机器人一样,也有一个清脆的名号——"FOXBOT"。资料显示,2007年1月15日,富士康的AR(Automation Robotics,自动化机器人)事业处在深圳正式成立,专职研发工业机器人,第一年,就制造出A-05、A-16和S-05三种机器人系列的雏形。到2009年,三个系列的FOXBOT已经迅速发展出A、B、C、P、S、F等6个系列,接近15种具体的工业机器人。

在深圳观澜的富士康iPhone5生产线上,FOXBOT运作在成行结队的数控机床之间。在昆山的富士康工厂,FOXBOT对iPad后盖做打磨的工作,但喷漆和点胶等工位,仍需其他品牌工业机器人的帮助。在郑州,曾经被质疑工作环境恶劣的富士康金属加工厂,经历工人骚动等事件以后,FOXBOT正被加紧推进到生产线上。在越南北江,富士康工厂也在内部宣布,即将引入FOXBOT。

一种未经证实的说法:"在富士康,工业机器人代替一个普通工人的成本标准是11.6万元。"这大约是3个普通工人一年的工资额。iPhone5

的生产线要完全自主自动化的话，至少还需要数百亿元的投资规模。

富士康成功关键（iad）：成本核算精细化，人力资源（全球80万名员工）的管理与培训，人工智能机器人的应用。

（三）产品定制化

定制化既是一种趋势，也是一种回归，消费者可以通过互联网提出任意要求以寻求卖家，现代技术环境使得大规模定制成为可能。

大批量定制可以选择OEM，形成自己的品牌。零散的定制可以选择C2B（个人—商业）、C2F（个人—工厂）、O2O（店定—网传—店取）等各种模式。高端定制售价不菲。

长尾概念描述了企业从面向大量用户销售少数拳头产品，转为销售庞大数量的利基产品，虽然单品销售额少，但利基产品销售总额可以与传统面向大量用户销售少数拳头产品的销售模式相当。通过C2B实现大规模个性化定制，正符合长尾理论。其核心是"多款少量"，需要低库存成本和强大的平台，并使得利基产品对于兴趣买家来说容易获得。

【例3】西班牙ZARA公司靠自己企业的密集型投资实现了"集群"效应。其成功得益于其快速的模仿能力和强大的模仿团队，其快速生产模式消除了整个纺织服装产业供应链的瓶颈；高效的物流配送体系、高频、人性化的信息系统与沟通机制；庞大的营销网络和快速销售能力、"服装超市"模式概念宣传的成功；雄厚的资金实力支撑、高度整合的垂直供应链和运作模式。

ZARA定制模式的创新设计：以快速时尚服装为核心，以供应链全程控制为基础的商业模式。一流的形象，二流的产品，三流的价格，面料不够好，做工一般般，但款式一流。从300个设计师，到改造师，再到周出活，每年12000个新品。

ZARA 成功的关键（VPs）：个性化的消费，独一无二的产品价值，款多；全球化，供应链快，信息快，智能信息系统；黄金渠道，店长直接订货。

（四）服务专业化

服务一词，曾是治国之本，建国初期政府提出"为人民服务"的响亮口号，指明了国家服务的对象是人民。现代企业的服务对象，已经从客户第一，拓宽到整个产业链和生态体系各相关者，包括供应商、合作伙伴、股东和员工。

除了有形产品的生产和贸易，服务也是企业整体产品的一部分。另外，服务也可以作为特殊产品提供价值，现代服务业更是社会劳动分工的重要组成部分。苹果公司向顾客提供的究竟是商品还是服务？将商品与服务明确区分在工业经济时代是比较容易的，背后体现的是商品主导逻辑，但是在信息化和全球化的今天，这种区分变得相当困难。越来越多的公司像苹果公司那样提供的既不是纯商品也不是纯服务，而是将两者组合的"解决方案"。新的基于使用价值的服务主导逻辑（整体服务模式），正在兴起并逐渐取代传统的基于交换价值的商品主导逻辑，用来指导企业的战略和行动。同样是服装产业在中国比比皆是传统的服装制造工厂，而在美国则几乎没有工厂的身影，看到的则是耐克和阿迪达斯从事设计、营销和配送等"服务活动"。长期立足于通信设备制造的华为公司，在海外的主要收入来源却是向客户提供工程总承包这种"服务"。

整体服务模式下，市场对企业价值输出和价值实现提出了专业化的基本要求和更高要求，所谓工匠精神就是对服务专业化的最好诠释。国家政策对很多行业都有专业准入的规范要求，如教师、医生、律师等职业，开药店必须要有执业药师驻店。专业化不仅体现在售前的营销过程，也要体现在售后的维护服务。现代企业要在专业服务上下功夫，找到市场机会、创新服务模式，培养自己的"专业服务员"，提升服务竞争力。

【例4】美国药品福利管理PBM专业服务模式。美国是医疗保险与医疗机构市场化机制国家，20世纪80年代，美国的药品支出大幅增长，并超过了GDP的增速。美国的药品支付体系采取的是第三方支付（医疗保险）的方式，但仅仅依靠这种分层共付的方式不能很好地控制日益上升的药品费用，以市场为主导的美国医疗保险行业具有高度多样性和复杂性，增加了参保人选择保险的困难，并且影响到保险市场的运作管理和监控。再加上大量的药品进入各类保险报销范围，庞大的药品报销事务急需优化信息化水平以提高报销效率。在这种背景下，美国开启了纯商业的医药制衡机制，通过药品福利管理（Pharmacy Benefit Management，PBM）专业服务模式，降低医疗费用和维护医疗服务质量，供民众自由选择医疗机构与保险机构。PBM的第三方服务制衡，有效地遏制了医疗费用的高速上涨，并获得了良好的社会效益与经济效益。

PBM的定位：是专业化医药费用管理的第三方组织。业务渗透到医药产品流通的各个环节，将病人、药师（药店）和医生联系起来，协助他们在治疗过程中选择质量好、价格适宜的药物，以便实现既能控制整体用药费用，又不会降低医疗质量的目的，是基于供应链的全面健康质量管理公司，而不是单纯针对病患的健康管理公司。

PBM的特点：其服务对象是保险公司，业务范围是药品管理。

PBM的主要职能：①建立药店网络联盟；②与保险支付方协商确定保险目录；③药品与处方评价；④与制药企业和批发商协议折扣；⑤开展邮购与网络售药业务降低成本；⑥健康管理（也称疾病管理，新的功能），提供整体疾病管理方案，提高医疗服务质量。

PBM 的盈利模式：药品流通模式是："制药企业——（批发商）——医院（药店）——消费者"；资金链谈判机制是："制药企业——批发商——医院（药店）——雇主／保险支付方——PBM"；PBM 的收费来源包括保险公司（企业）、医药企业折扣、患者差价和信息服务费。

PBM 成功关键（sPd）：就是作为第三方提供专业服务，有效承担保险机构与患者之间的医保药品目录制定，并代表保险机构（患者）与制药企业、零售药店对药品价格进行谈判，为保险机构（患者）降低保险费用，同时为各方提供咨询服务及健康解决方案，统一、联合、协调各方的利益，用市场的手段对药品费用进行管理，让支付方、服务供应方以及病人各方必须在商业模式和解决方案中得利。

（五）操作技术化

技术创新是引领发展的第一动力。当前，移动互联网、物联网、大数据 DT、云计算、人工智能 AI（先进机器人）、自动汽车、下一代基因组学、储能技术、3D 打印、先进油气勘探及开采、先进材料、可再生能源、区块链等等，各种新技术扑面而来，中国正由制造大国迈向创新强国。曾经美国向中国出口一架波音飞机，其价值抵得上中国向美国出口 8 亿套服装（全美每人 4 套），那种低价值代工与制造时代即将成为难忘的过去。

新技术发展一般分为 4 个阶段：

第 1 阶段：极少数技术专家研究使用。

第 2 阶段：更多技术专家和一般用户开始使用。

第 3 阶段：社会大众形成初步意识和认同感。

第 4 阶段：技术已得到广泛使用，不强调技术，只看见技术带来的好处，也称作"后技术时代"。

目前我国经济第三产业中的新技术应用与发展大部分处在早期流行与

公众认识的交叉阶段,少数尖端技术不断涌现,尚处在专家使用阶段。

新技术的革新和应用在发展过程中发挥至高无上的作用,企业长期增长除了要有资本,更重要的是靠技术的进步、教育和训练水平的提高。企业要利用技术进步引领生产力变革,充分享受新技术带来的红利释放。

企业发展离不开高科技及其应用,技术创新、模式创新成为世界500强企业持续快速发展、成为行业翘楚的最大动能。互联网、物联网、智能化、大数据等新技术应用,建立起新模式的先发优势,催生科技创新公司快速迅猛发展。传统企业依托新科技,优化商业模式、提升效率,实现了企业转型和第二次跨越发展。

【例5】美国医药分销企业MCKESSON是全球领先的药品供给、信息和保健管理产品及服务供应商,国际医药分销标杆企业。主要业务板块分为分销业务和技术服务业务,具有包括分销、物流配送、咨询、技术实施和外包等在内的多样化服务内容。在美国,MCKESSON业务范围覆盖了52%的医院、33%的制药商,20%的医生享受MCKESSON的服务。借助互联网,以药品分销主业为基点,从交易为导向转向增值服务为导向转变。在产业信息化方面进行战略布局,以信息化手段整合物流网络,集中交易处理,集中呼叫管理,覆盖全医疗分销系统参与者,为供应商、医疗机构、零售药店、保险商以及政府等提供增值服务。

除了医药分销,其核心产品是"电子订单系统、订单客户化系统"和"医疗科技技术"(包括企业级病患护理软件、临床诊疗系统、财务管理、供应链和核心管理软件)。

医药分销业务占比97%,利润贡献仅77%,而技术服务业务占比仅3%,却贡献了23%的利润,充分享受到了技术化的红利。

MCKESSON成功关键(Vsa):现代物流体系、信息化管理技术、医疗科技技术的应用。

（六）业务互联化

要深刻认识互联网思维对传统行业的冲击与影响。当前，新商业文明已经成为全球经济重要力量。第三次工业革命后，互联网生态已然成为先进的主导状态，它推翻了以出售商品为盈利目标的传统商业文明（脱离用户真正的需求与感受，倒推需要的资源配置，表面精致科学、实际与大众割裂的组织体系）。未来互联网生态将激发大众共享经济，生产模式、生产效率、商业模式、交易模式都将发生变革。

互联网解构原有价值链和产业格局，具有去中心化特征，颠覆传统行业与专业领域。主要通过云技术和大数据管理改造提升传统行业商业模式，使原本较小规模的落后公司，有可能弯道超车，赶上先进的大型企业，行业格局可能因互联网的发展和行业渗透而发生巨大的变化。

互联网企业淘汰传统企业，本质为新商业文明淘汰旧商业文明，截至2017年底，中国已经拥有7.72亿网民，手机网民占比达97.5%，526.06万家网站，未来所有行业的互联网化，将成为新经济形态发展的动力源。在互联网信息数据时代（IT、DT），大的平台企业赢家通吃，只有第一，没有第二，BAT（百度、阿里、腾讯）三大互联网巨头围绕搜索、电商、社交各自构筑了强大的产业生态。有专家认为，中国互联网将被世界淘汰，没有基于互联网大势的前瞻性创新，仅考虑13亿中国的个别超越，未面对73亿全球的整体机遇，不属于本质意义的开放式准入平台，更没有能够汇聚全球开发者的真正生态。以上论断值得警醒！

现代企业已经离不开互联网，无网而不胜。互联网交易包括电子商务B2B、B2C、C2B，业务互联化则表达这样一种理念，即"通过互联网与外界互联互通，从而促进业务能够更快捷更广泛的达成"，互联网既是终端，也是一种渠道和平台。

不是所有企业都有能力成为互联网公司。网络经济点对点、端对端，是大规模个性化交往的驱动力，可以触发乘数效应和价值倍增。互联网世界是平的，没有市场区域之分。传统时代，还可以做区域品牌老大，互联网上没有这个机会，一个商业模式只能造就一个大型平台，这就是腾讯模仿阿里巴巴失败的原因，反过来阿里巴巴模仿微信搞来往，也不被看好。

传统企业插上互联网的翅膀（+互联网或互联网+），可以产生无限新的产品和价值。互联网+信息，可以成就大数据；互联网+人，可以成就网络视频、网红、自媒体、公众号等；互联网+医生，可以成就远程医疗；互联网+单车、私家车等，可以成就共享经济；互联网+设计，可以形成虚拟货币、区块链。

传统企业互联网化大致经过以下四个阶段：首先是传播层面的互联网化，即狭义的网络营销，通过互联网工具实现品牌展示、产品宣传等功能；其次是渠道层面的互联网化，即狭义的电子商务，通过互联网实现产品销售；然后是供应链层面的互联网化，通过C2B模式，消费者参与到产品设计和研发环节；最后是用互联网思维重新架构企业。

马云提出E-WTP（世界电子商务贸易平台），就是基于互联网的生动应用，拒绝互联网显然没有出路。传统公司面临两种机会：第一，拥抱互联网：结合企业资源，与互联网优势企业合作拓展业务。第二，再造互联网：深入挖掘互联网价值，将互联网思维、互联网技术、互联网模式融入传统业务，创新建设互联网业务平台，打造行业生态圈。

企业互联网化，就是构建"互联网+"企业，主要战术包括创新模式、管理模式、生产模式及营销模式四个方面的互联网化。第一，创新模式互联网化：通过互联网整合内外资源开辟新业务，用互联网的玩法重构整个商业价值链，针对现有业务进行内部赛马和自我革命或跨界颠覆。例如腾讯用微信攻击手机QQ，马云给淘宝无线下的命令就是干掉淘宝，顺丰用"线下网店"嘿客来颠覆物流业。第二，管理模式互联网化：用互联网思维武装全体人员，用互联网精神来改造企业内部的经营管理，并服务产业的上下游价值链。"平等、开放、协作、分享"既是互联网精神，也是传统企业互联网化的思想基础，甚至可以说是衡量一个企业能否开始互联网化的重要指标。第三，生产模式互联网化：用互联网技术来优化流程、提高效率，用互联网研发产品的模式来改进生产环节，尽快将产品投向市场，让用户参与产品试验，并根据用户的反馈进行改进，将用户反馈囊括在纠错机制之中，形成内部创新的标准化体系，加快产品的更新周期，实现快速迭代。第四，营销模式互联网化：用互联网技术来发现需求、降低沟通成本，利用O2O来更精准地发现用户需求，最大化地降低营销成本。例如"送什么"通过O2O不断提升消费者体验，来增强客户黏性，实现线上与线下的有机融合。

　　互联网为什么能够如此迅速地颠覆传统行业呢？互联网颠覆实质上就是利用高效率来整合低效率，对传统产业核心要素的再分配，也是生产关系的重构，并以此来提升整体系统效率。互联网企业通过减少中间环节，减少所有渠道不必要的损耗，减少产品从生产到进入用户手中所需要经历的环节来提高效率，降低成本。因此，对于互联网企业来说，只要抓住传统行业价值链条当中的低效或高利润环节，利用互联网工具和互联网思维，重新构建商业价值链就有机会获得成功。当前，电子商务、微信沟通、百度搜索、现代支付等，从交易平台到沟通与支付的入口，几乎被BAT三巨头垄断，传统企业与新兴企业应该利用后发优势，前期应避免自建网络平台的巨大投资与风险，充分借助互联网平台，内联外通，内部互联网化，提升管理、一体化运营；外部互联网化，开展网络传播与营销、发展电子商务。

传统企业要善于植入互联网基因，互联网的首要功能是传播，产品即媒体，市场即对话。信息传播是"教堂式"的，信息自上而下，单向线性流动，消费者们只能被动接受。而在网络媒体时代，信息传播是"集市式"的，信息多向、互动式流动。网络媒体带来了多种"自媒体"的爆炸性增长，每个草根消费者都有了自己的"嘴巴"和"耳朵"，传统营销方式从"狩猎"变成了"垂钓"，每个人都可以是一个消费终端，也可以是一个巨大的辐射市场。互联网的重要功能是营销，网络营销应当遵循4I原则：Interesting趣味原则、Interests利益原则、Interaction互动原则、Individuality个性原则。

【例6】马化腾的企鹅医院。腾讯正式向医疗领域进军，联合基汇资本、医联、红杉资本等开启首家互联网+实体"企鹅医院"，落地于北京。腾讯医院从体检入手，建立电子病历，和微信绑定，想象空间巨大。"企鹅医院"的价值贡献是：提供线下面诊、检查、治疗、随诊完整就医流程，解决患者就医难、医疗资源分配不平衡等问题。企鹅医生的健康管理服务模式分为三层结构："第一诊所自建，第二诊所联盟，第三诊所共享"。人力资源模式通过共享兼职医生，而不是全职医生来提升服务效率，缓解医生资源稀缺问题。建立统一用户数据管理平台，将用户与企鹅医生医疗资源全部打通，服务用户从出生第一天到生命终结全生命周期的健康管理。

（七）系统扁平化

得益于信息技术与网络技术，无论组织系统还是业务系统，扁平化是一个趋势。传统技术条件下的垂直型组织架构，一个人的最佳管理宽度可能是6～8人，现代美军参谋部可以直接管理指挥到前线或现场的每一个武装士兵。

扁平化理念指引下，组织层级少了，上下级沟通更及时有效了。营销领域新媒体、新零售出现了，B2C、C2B、F2C、C2F，从"货—场—人"，转化为"人—场—货"。

传统的商品流通路径是：工厂—品牌公司—总代理—经销商—卖场—消费者，由于环节太多层层加价，产品到达消费者手里往往价格居高不下。F2C模式是品牌公司把设计好的产品交由工厂、代工后直接通过终端送达消费者，流通路径最短，这样可确保产品低价，同时质量服务都有保证。采用这个模式的成功典范有：魅族、宜家、迪卡侬、乐豪斯、ZARA、HM等。它们为消费者提供了最具性价比的产品，为消费者带来了价值最大化。

医药行业开启了"两票制"时代，药品从生产企业到医疗机构，中间只允许开两次发票，即生产企业给流通企业开一票，流通企业给医疗机构开一票，缩减了商业公司相互间分销环节，试图减少流通费用降低药价。

【例7】海尔公司"人单合一"模式具有三个要素：第一个要素是战略转型。把企业变成一个平台化的企业，从过去制造产品变成孵化创客。第二个要素是组织重构。组织扁平化、去中心化、去中介化，把过去的串联组织变成并联组织，搭建起共创共赢生态圈。第三个要素是机制颠覆。颠覆三权，把用人权、分配权、决策权都交还给小微企业，小微企业可以自运转、自驱动、自创新。薪酬制度从过去的企业付薪变成用户付薪，工资源于市场。相应的，员工也变为创业合伙人。

"人单合一"模式的三个特性：第一个是具有时代性，它是符合物联网时代特征的，很多管理学者认可"人单合一"。加里·哈默认为，"人单合一"模式可以根治欧洲企业的官僚主义；哈佛商学院教授约翰·科特认为,海尔创建的模式不仅在创造一个伟大的公司,而且可以帮助整个国家;宾夕法尼亚大学马歇尔教授谈到,"人单合一"模式开创了后科斯时代。第二是普世性,它以人的价值为中心。第三个是社会性,"人单合一"被管理界认为是下一个社会模式,可以从家电行业复制到医疗、服务等多个行业,也可以从中国到海外进行多元化的融合复制。

(八)运营一体化

大型集团企业往往具有二、三级,甚至四、五级子公司,各级子公司在并购初期都是独立运营的,各自拥有独立的业务操作系统和管理平台,相互不匹配、不兼容,成本高、效率低。集团总部需要在股权结构、组织架构、管理模式、营销体系、运营系统等方面整合优化,重点打造一体化运营平台,将产品购销、客户管理、供应商服务、财务调控、风险管控等业务在平台上统一规范操作,降低成本、提高效率。

运营一体化主要包括三个层面:战略管控、财务管控、运营管控,要依次分步推进,尽量不影响业务进展,在文化理念和发展战略达成一致的条件下,运营一体化更容易推动。

运营一体化离不开现代管理技术,包括办公信息化系统、业务购销管理软件系统、财务管理系统、物流操作系统等。

第三方社会化专业服务也是运营一体化的生动模式,可以大大节省企业资源和社会总成本。如:第三方医药物流模式是由供方与需方以外的物流企业提供物流服务的业务模式。它不仅进行简单的存储、运输等单项活动,还提供物流活动的组织、协调、管理,最优物流方案设计,物流全程的信息搜集与管理等全面的物流服务。其发展方向是依靠供应链管理思想,结合医药质量管理规范,为客户提供生产—配送—分销一体化的全方位物流服务。

【例8】沃尔玛、京东、顺丰全国物流运营一体化。

（九）活动标准化

企业一切活动，包括内部管理、对外营销，都要遵循标准化原则。活动标准化可以精简业务流程、降低沟通成本、提升品牌形象、消除灰色漏洞。活动标准化以公开透明的形式，集中并完善集体的智慧，规范了企业行为，促进了商业模式的成功。

【例9】某企业标准化管理文件包括：《企业员工手册》《企业质量管理标准》《企业风险管控指引》《企业大学培训指引》《企业创新案例与指引》《企业财务指标体系》《企业运营指标体系》《企业战略管理制度》《药房门店建设指南》《企业采购返利管理》《企业采购库存管理》等。

（十）操作规范化

在中国深化改革进程中，合规守法成为企业的红线。假冒伪劣、偷税漏税、行贿受贿、恶意投标等行为成为政府管控的重要目标，一旦被查出，受到惩处是必然的。

企业要有法律风险意识，深入培育合规文化，设定专门法律职能岗位，定期进行法律法规教育培训，建立合规管理与审计机制，从决策流、现金流着手，搭体系、订标准，完善合规制度。完善招投标合规流程，将合规融入在建以及竣工工程审核中。

操作规范化的升级就是企业承担社会责任，企业社会责任管理体系是确保企业履行相应社会责任，实现良性发展的相关制度安排与组织建设，建立企业社会责任管理体系是一项涉及企业的远景与使命、企业文化和企业发展战略，事关企业长远发展的重大任务。

【例10】大陆及香港上市公司管理规范。操作规范化还可以从现代企业管理制度与流程来落实，具体就是按照上市公司管理规范来治理公司事务,及时披露重大事项,自觉接受社会和股东监督,自觉承担企业公民责任。

(十一) 使用租赁化

传统设备、器材的租赁业务,可以帮助企业节省近期大笔现金支出,租赁理念的引申,拓展了新的思维和商业模式,如购买或"租赁"第三方专业服务:医院非诊疗核心的其他业务外包,包括药品、耗材供应(SPD)、后勤管理、人才服务、设备维护等;制药企业开展研发外包、营销外包(CSO)、培训外包等。

政府有偿购买公共服务产品,也是一种特殊的"租赁"。政府购买公共服务是指通过发挥市场机制作用,把政府直接提供的一部分公共服务事项以及政府履职所需的服务事项,按照一定的方式和程序,交由具备条件的社会力量和事业单位承担,并由政府根据合同约定向其支付费用。政府购买服务项目实行"政府采购、合同管理、绩效评价、信息公开"的管理办法。随着服务型政府的加快建设和公共财政体系的不断健全,政府购买公共服务将成为政府提供公共服务的重要方式。西方国家在公共服务的提供上,经历了从规制向放松规制的转变,公共服务的公私合作模式在以社会主导抑或私化运作的格局形成强大的生命力。美国90%以上的公共服务通过私化外包的方式转包,欧洲福利国家以社会组织承接服务的形式构建"政府—社会"二元提供公共服务的格局。两种模式各有特色,其共性特点在于放松规制,借助市场、社会组织的优势,增强政府提供公共服务的能力。

【例11-1】BOT (build-operate-transfer) 即建设—经营—转让。是私营企业参与基础设施建设,向社会提供公共服务的一种方式。中国一般称之为"特许权",是指政府部门就某个基础设施项目与私人企业(项目公司)签订特许权协议,授予签约方的私人企业(包括外国企业)来承担该项目的投资、融资、建设和维护,在协议规定的特许期限内,许可其融资建设和经营特定的公用基础设施,并准许其通过向用户收取费用或出售产品以清偿贷款,回收投资并赚取利润。政府对这一基础设施有监督权、调控权,特许期满,签约方的私人企业将该基础设施无偿或有偿移交给政府部门。

【例11-2】PPP（Public-Private Partnership）即政府和社会资本合作,是公共基础设施中的一种项目运作模式。在该模式下,鼓励私营企业、民营资本与政府进行合作,参与公共基础设施的建设。按照这个广义概念,PPP是指政府公共部门与私营部门合作过程中,让非公共部门所掌握的资源参与提供公共产品和服务,从而实现合作各方达到比预期单独行动更为有利的结果。与BOT相比,狭义PPP的主要特点是政府对项目中后期建设管理运营过程参与更深,企业对项目前期科研、立项等阶段参与更深。政府和企业都是全程参与,双方合作的时间更长,信息也更对称。

（十二）创业场景化

创业场景化指在创造设计新业务时,一定要与消费者、客户、用户、合作者深入交流,挖掘特定的场景,针对客户的需求与痛点,设计适宜的产品与服务,并提供美好的体验,以此拓展业务、提升服务与品牌。优秀的商业模式一定是抓住了目标客户的核心需求,创业伙伴容易犯的一个错误是,他们只锁定了目标人群,但并没有深入到用户群体核心的画面,也就是所谓的应用场景。

我们正处于一个场景爆发的创新环境之中,互联网催生了电子商务,电子商务催生了电子钱包,并带动了物流发展;与此同时,智能手机的普及反过来又刺激了高速移动互联网技术、电子商务和移动金融;再然后,大数据找到最丰富的应用场景,它直接促成了诸多试验室技术的落地;直播、O2O、共享单车……与此同时，它还作用于传统连接手段，让曾经以为的不可能更进一步，比如物流业脱胎换骨般的升级，最典型的莫过于高铁，它大大提升了连接的速度和效率。随着场景越来越多，数据呈指数级暴增，市场的能量又反过来刺激了人工智能和云计算等原创技术的发展；云计算催生了量子计算；量子计算对连接稳定、保密的需求，进一步刺激高级加密技术（区块链等）的研发；能耗的暴增，刺激了可再生与清洁能源技术的突破式进展……

【例12-1】BYOD向人们展现了一个美好的未来办公场景。BYOD（Become Your Office Device，自带设备）即在你自己的设备上安装很多公司的软件，以便可以让你使用公司的资源。当员工的设备，比如iphone上安装了这样的管理软件，员工自己的手机就变成了公司的手机，那个Agent就不停地和服务器同步（不知道同步的程序和数据的细节）。虽然这是一个员工的"Own Device"，但此时BYOD从"Bring Your Own Device"变成了"Become Your Office Device"。

【例12-2】远程手术场景。5G典型的应用场景为远程手术，由于5G具有低延迟的特点，计算机在网络上响应指令所需的时间短，医生穿戴头戴型显示器和触控反馈的特殊手套，远程操控机器手臂，进行远程手术。

【例12-3】某企业"零售药店＋体验（场景）"。在全国大部分城市建立健康体验店，增设职业药师与坐堂中医，融合销售、品牌展示、健康咨询、疾病管理于一体，为消费者提供真实可见的咨询与健康管理。

（十三）产业金融化

"供应链金融"是一种独特的产业金融化融资模式，依托于产业供应链对单个企业或上下游多个企业提供全面金融服务，以促进供应链上核心企业及上下游配套企业"产—供—销"链条的稳固和流转顺畅，降低整个供应链运作成本,并通过金融资本与实业经济的协作,构筑银行、企业和供应链的互利共存、持续发展的产业生态。

供应链金融特点是:在供应链中找寻一个核心企业以此为基点为供应链提供金融支持。一方面银行将资金注入处于相对弱势的上下游配套中小企业,解决中小企业融资难和供应链失衡问题;另一方面将银行信用融入上下游企业增强其商业信用,促进中小企业与核心企业建立长期的战略协同关系,提升供应链的竞争力。

供应链金融的发展优势:调查结果显示,采用供应链金融方案能给买方平均降低13%的运营成本,给供应商能平均降低14%的运营成本;供应链金融方案的实施给企业带来了支付条款的标准化,增进了供应商关系,价格下降等也有利于企业发展。

供应链金融借助供应链优势,结合金融工具,为各利益相关者提供金融相关服务,对核心企业的主业形成协同,平滑波动,发掘利润,推动增长。其商业模式适用于商贸流通类核心企业,适用客户主要是中小型客户。

【例13】央企、大型民企纷纷涉足融资租赁产业(见表3-3)。

(十四)收益转移化

收益转移指企业的产品与投资,并不单单追求当时的、或者直接客户的现金回报,而是主动设计成其他各种收费模式,主要有四种形态:第一,时间上的收益转移;第二,顾客方面的收益转移;第三,效能上的收益转移;第四,资源上的收益转移。

时间上的收益转移。早期免费、赠送、让利,后期收费;基本服务免费、增值服务收费;投资期货、股票等。

顾客方面的收益转移,所谓"羊毛出在牛身上"。用户免费、第三方支付;医疗收费,政府医保、商业保险、患者个人三方支付等。

效能上的收益转移。广告投入，提升企业与产品形象；会员制、会员卡优惠，提升客户忠诚度等。

资源上的收益转移。平台投入，积累客户资源；收购企业、品牌、产品、专利、技术、团队等，提升内部资源能力等。

表 3-3 涉足融资租赁产业的央企和大型民企概况

租赁公司名称	股东背景	注册资金	主要业务领域
远东国际租赁	中国中化集团公司	10.12 亿美元	医疗、教育、印刷、工业装备
中交建融租赁	中国交通建设集团	50 亿人民币	交通运输、医疗卫生、城市基础设施建设
中航国际租赁	中航工业集团	37.9 亿人民币	飞机、船舶、工业装备
湖北金融租赁	九州通医药集团	30 亿人民币	新能源、医疗教育、基础设施、工程机械
中建投租赁	中建投集团	20 亿人民币	电信、石化能源、交通运输、新能源、医疗卫生、城市基础设施
中海油租赁	中国海洋石油总公司	18 亿人民币	海工装备、石油装备、炼化装置
中海集团租赁	中海集团	5 亿人民币	船舶、港口、工业装备
康富国际租赁	国家核电技术有限公司	0.5 亿美元	核电、工程机械、商用车
华润租赁	华润集团	0.5 亿美元	医疗、教育、政府融资
中广核国际融资租赁	中广核集团有限公司	0.5 亿美元	核电设备、新能源、节能设备
中电投融和租赁	中国电力投资集团	0.4 亿美元	电力、新能源
中国南车租赁	中国南车集团公司	3 亿人民币	轨道交通、飞机、船舶、城市基础设施
中润融资租赁	新兴际华集团有限公司	1 亿人民币	工业装备、工程机械、节能环保、城市基础设施、医疗、教育

【例 14】腾讯公司的成功在于 QQ 和微信的免费使用盈利模式，通过让用户用 QQ 及微信沟通和社交、便捷地享受内容和服务，巩固了其在中国用户生活中的重要平台地位，同时也提高了移动支付服务的市场占有率和日均交易笔数，在商业支付交易上取得了增长。

根据财报，2016 年全年，腾讯总收入为人民币 1 519.38 亿元（219.03 亿美元），比去年同期增长 48%。年度盈利为人民币 414.47 亿元（59.75 亿美元），比去年同期增长 42%；净利润率由去年同期的 28%降至 27%。

报告显示，微信和 WeChat 合并月活跃用户数达到 8.89 亿，同比增长 28%；2016 年 12 月，腾讯移动支付的月活跃账户及日均支付交易笔数均超过 6 亿。微信红包方面，农历新年除夕的 24 小时期间，微信红包收发数量达 140 亿，同比增长 76%；春节期间，微信方面稳定地处理了每秒 76 万个的红包峰值。此外，微信效果广告收入增长 77%，达到 51.68 亿元人民币，主要受来自微信朋友圈、移动端新闻应用及微信公众号广告收入的贡献增长所推动。

（十五）绩效数字化

企业的一切活动，是为了提高企业的潜在价值与当前效益，以及组织与文化的提升。

绩效考评是企业绩效管理中的一个环节，常见绩效考评方法包括 BSC、KPI 及 360 度考核等，主流商业管理课程将绩效考评的设计与实施作为对经理人的一项重要人力资源管理能力要求。绩效考评指标体系的功能结构是一个系统，评价指标体系包括"德""能""勤""绩""关键事件"五大子系统，是素质结构、能力结构、态度结构和业绩结构等子系统的有机结合。这些子系统中体现功能的各个评价要素指标，又反映了不同员工绩效的不同功能。如素质结构中的各项评价指标反映了员工的思想品质功能，能力结构反映了员工的实际能力或特殊能力的功能，业绩结构则反映了实际工作效果的功能等。

绩效数字化要注意两个方向：其一，绩效设定要量化、标准化、可评估，采取等级制或打分制；其二，绩效考评的目的是要"提升绩效"，要按照流程完整地认真评估，尤其是面谈与员工签字程序，良好的沟通能够产生相互理解的效果，这是公司与员工双方负责的最后一道防线，如此流程被忽略与空缺，则一定存在着问题，并将导致问题被隐藏或爆发。

考评流程示例：

（1）人力资源部负责编制考评实施方案，设计考评工具，拟定考评计划，对各级人员进行考评。

（2）对员工进行培训，并提出处理考评结果的应对措施，供考评委员会决策。

（3）各级主管组织员工撰写述职报告并进行自评。

（4）所有员工对本人在考评期间内的工作业绩及行为表现（工作态度、工作能力）进行总结，核心是对照企业对自己的职责和目标要求进行自我评价。

（5）部门主管根据受评人日常工作目标完成程度、管理日志记录、考勤记录、统计资料、个人述职等，在对受评人各方面表现充分了解的基础上，负责进行客观、公正的考核评价，并指出对受评人的期望或工作建议，交部门上级主管审核。如果一个员工有双重直接主管，由其主要业务直接主管负责协调另一业务直接主管对其进行考评。各级主管负责抽查间接下属的考评过程和结果。

（6）主管负责与下属进行绩效面谈。当直接主管和员工就绩效考核初步结果谈话结束后，员工可以保留自己的意见，但必须在考评表上签字。员工若对自己的考评结果有疑问，有权向上级主管或考评委员会进行反映或申诉。对于派出外地工作的员工，反馈面谈由该员工所在地的直接主管代为进行。

（7）人力资源部负责收集、汇总所有考评结果，编制考评结果一览表，报公司考评委员会审核。

（8）考评委员会听取各部门的分别汇报，对重点结果进行讨论和平衡，纠正考评中的偏差，确定最终的评价结果。

（9）人力资源部负责整理最终考评结果，进行结果兑现，分类建立员工绩效考评档案。

（10）各部门主管就绩效考评的最终结果与下属面谈沟通，对受评人的工作表现达成一致意见，肯定受评人的优点所在，同时指出有待改进的问题和方向，双方共同制定可行的绩效改进计划和个人发展计划，提高个人及组织绩效。

（11）人力资源部对本次绩效考评成效进行总结分析，并对以后的绩效考评提出新的改进意见和方案，规划新的人力资源发展计划。

【例15】中兴42岁程序员坠亡，妻子称"因被领导劝退"，公司称其有精神病史。2017年一起发生在中兴通讯大楼的悲剧在网络上引发人们关注。12月10日，男子欧某从深圳市南山区中兴通讯大楼坠亡。据警方经现场调查，确定为高坠死亡，排除他杀。欧某妻子丁某怀疑丈夫坠亡原因为"他的直接领导曾找他谈过话，提出要他离职。"上有4位年迈老人需要赡养，下面有一双儿女需要照顾，这让人不禁唏嘘，是什么让这位年仅42岁的家庭支柱走向这样的悲剧结局。在愈演愈烈的事件讨论中，"辞退""离职"两个词逐渐成为人们热议的焦点。

（十六）文化深入化

企业文化是企业的灵魂，统领着企业的一切决策与活动。现代企业要做大做强、走向国际，需要倡导神圣的责任文化、开放的包容文化、高效的创新文化和科学的管理文化，并将企业文化深深印在企业员工的心灵深处，转化为员工的自觉行为。

企业文化是在一定的条件下，企业生产经营和管理活动中所创造的具有该企业特色的精神财富和物质形态，其内容十分广泛，主要的包含经营哲学、价值观念、企业精神、企业道德，企业文化的外在表现，就是企业制度、企业环境和企业产品。

经营哲学也称企业哲学，是一个企业特有的从事生产经营和管理活动的方法与原则，是指导企业行为的基础。日本松下公司"讲求经济效益，重视生存的意志，事事谋求生存和发展"，这就是它的战略决策哲学。企业的价值观，是指企业职工对企业存在的意义、经营目的、经营宗旨的价值评价和为之追求的整体化、个异化的群体意识，是企业全体职工共同的价值准则。企业精神是指企业基于自身特定的性质、任务、宗旨、时代要求和发展方向，并经过精心培养而形成的企业成员群体的精神风貌。企业精神是企业文化的核心，在整个企业文化中起着支配的作用。企业精神以价值观念为基础，以价值目标为动力，对企业经营哲学、管理制度、道德风尚、团体意识和企业形象起着决定性的作用。企业道德是指调节该企业与其他企业之间、企业与顾客之间、企业内部职工之间关系的行为规范总和。它是从伦理关系的角度，以善与恶、公与私、荣与辱、诚实与虚伪等道德范围为准则来评价和规范企业。

在多元化所涵盖的民族、性别、宗教与信仰、国家与地区、残疾等因素的基础上，需要进一步强调尊重个人，尊重"每个人"，认为"一个人就是一种文化"，这是一种完全以员工为出发点的文化。某种意义上，员工是企业的第一客户，企业文化不仅仅需要包容不同肤色、文化等的员工在一起共事，而要更善于接受各种不同的思维方式、行为方式，只要思维、行为与工作方式的革新都是为了实现企业的目标，争取事业的成功。

中国目前的混合所有制改革，体现了国企文化与民企文化的融合。20世纪90年代开始，我国允许国内民间资本和外资参与国有企业改组改革，经济改革的实践证明，混合所有制能够有效促进生产力发展。1992年中国改革开放后正式引入民资。十八届三中全会《决定》提出"积极发展混合所有制经济"。2014年《政府工作报告》进一步提出"加快发展混合所有制经济"。国企、民企融合成为新一轮国资国企改革重头戏。混合所有制经济在我国出现和发展，主要源于国有企业改革，寻找国有制同市场经济相结合的形式和途径，促进国有资本放大功能、保值增值、提高竞争力，有助于"走出去"，是国资国企改革的重要支撑。经过多年股份制改造，虽然很多国企早已变成混合所有制，国资占比已较低，但政府干预仍存在，公司治理上不达标。行政化垄断体制未真正打破，"开了玻璃门，还有旋转门"，准入限制未真正放开，企业文化的真正融合与发挥作用，还有待于进一步完善。

【例16】微软公司的企业文化（源自公开资料）。优秀的企业文化造就卓越的企业，微软就是这样一个例子。从1975年仅有的包括比尔·盖茨先生在内的3个员工，发展到今天的大型跨国公司，比尔·盖茨是一个传说，Microsoft（微软）更是一个令人难以置信的神话。微软拥有舒适的工作环境，包括自然环境和人文环境。大学校园叫campus，微软研究院也叫campus，这正是微软舒适的自然环境的写照。其中包括花园式的拥有大量鲜花、草坪的园区，还有美丽的Bill（比尔）湖，篮球场、足球场更是充满了校园气氛。舒适的自然环境为微软人提供了优雅的工作场所，成为高效工作的有力保障。

微软企业文化的特征

（1）强调企业的社会责任，使命充分体现着企业的社会责任和经营意识：只有为社会创造价值的企业，才能最终得到社会的认可，从而得到持久和长远的发展。

（2）突出"人"的重要性，始终围绕着"人"设计的企业文化和战略理念：无论是企业的愿景、客户至上的理念还是企业构建的授权、团队、能力发展和学习型组织，都着眼于"人性化"，愿景是要为人类创造方便和价值，客户至上是围绕客户价值实现而进行设计，而内部文化建设是要给成员创造提升自我和实现自我价值的机会。围绕着人类、客户、员工，从宏观到微观，充分体现着对人的尊重。

（3）着眼未来，强调发展和创新，敢为天下先，争做第一，永远处在变革和创新之中，不断地自我批判和否定，不断地创造，实现产品和技术的进步以及员工的发展，最终实现企业的长足发展。构建企业文化多维度和多层次平衡发展的系统：企业战略及目标对愿景的支撑之间的平衡；创新与失败之间的平衡；尊重个性自由发展与团队协调发展的平衡；团队协调发展与企业整体发展之间的平衡等。其核心价值体系中非常强调激情、创新、技术和学习：工厂企业向来以技术立业和发展，只有不断地在学习中进行创造，才能不断地进行技术升级和换代，而这其中艰苦的历程，唯有通过点燃生命的激情方能实现最大的创造性。在整个企业文化的构建中，注重文化的传播和传承：微软企业文化有着深深的比尔·盖茨的烙印，管理者只要在此基础上不断地对其进行修正和完善，并通过讲故事、讨论、培训、学习及其企业的激励机制等方式不断地传播给员工，就会使得整个企业文化的价值体系深入人心。

（十七）跨界互融化

随着互联网与现代科技的涌现，以"互联网+"为基础，不同行业之间互相渗透、兼并、联合，从而构成了各行业新的上层建筑，跨界发展与跨界竞争的时代来临了！

互联网预言帝凯文·凯利认为：不管你们是做哪个行业的，真正对你们构成最大威胁的对手，一定不是现在行业内的对手，而是现在行业之外你们看不见的对手。

曾几何时，PC 互联网的商业模式是通过入口级产品获取用户，先把控网络流量，最后通过流量变现来获取盈利。而现在移动互联网的商业模式是通过极致的产品和服务来获取用户，把用户变成自己的"粉丝"，然后通过跨界整合资源来为用户提供更好的用户体验，最终提高用户的收入均值，形成有黏性的用户平台后再寻找盈利模式。

马云曾经说过一句很任性的话，他说，如果银行不改变，那我们就改变银行，于是余额宝就诞生了，余额宝推出半年规模就接近 3000 个亿了。雕爷不仅做了牛腩，还做了烤串、下午茶、煎饼，还进军了美甲；小米做了手机，做了电视，做了农业，还要做汽车、智能家居。

马化腾在企业内部讲话时说：互联网在跨界进入其他领域的时候，思考的都是如何才能够将原来传统行业链条的利益分配模式打破，把原来获取利益最多的一方干掉，这样才能够重新洗牌。反正这块市场原本就没有我的利益，因此让大家都赚钱也无所谓。正是基于这样的思维，才诞生出新的经营和盈利模式以及新的公司。而身处传统行业的人士在进行互联网转型的时候，往往非常舍不得或不愿意放弃依靠垄断或信息不对称带来的既得利益。因此，他们往往想得最多的就是，仅仅把互联网当成一个工具，思考的是怎样提高组织效率、如何改善服务水平，更希望获得更大利润。所以传统企业在转型过程中很容易受到资源、过程以及价值观的束缚。

跨界融合充满挑战与机遇，企业要立足自身资源能力，积极拥抱互联网、积极尝试新技术应用、积极探索创新商业模式，在竞争中求发展。未来市场上可能产生跨界融合的机遇包括（但不限于）AI 无人驾驶与物流配送的融合，AI 机器人在医疗、金融、教育等领域对人力的辅助与替代，产业与金融的融合，各行业巨头进军医药健康领域多元化发展，其他互联网、大数据、物联网、区块链、AV 技术等对各行业的渗透与融合。

【例17】蒙牛与阿里战略合作（网络信息）。2017 年 9 月 7 日，蒙牛乳业与阿里巴巴在杭州正式签署战略合作协议，双方未来将在线上销售、品牌建设等方面展开多领域深化合作。之前一周，蒙牛和阿里签了"零售通"框架合作协议。"猫"与"牛"频繁牵手，合作分为 3 大类：传统电商层面，在天猫平台首发、销售多款新品；生鲜电商层面，与阿里旗下"盒马鲜生"合作，在一线城市借助天猫冷链物流优势，拓展低温奶和冰品；农村电商层面，同深耕农村市场的村淘合作，挖掘农村市场。此外，还有和阿里旗下外卖平台"饿了么"的合作。"牛"与"猫"共舞，诸多合作的意图是从大数据挖掘到大规模定制。

（十八）竞争迭代化

企业竞争，除了比优，还要比快。很多企业的技术创新，在市场上可能早就被竞争对手迭代更新了。一帮清华人出来踌躇满志地说我们要研发超一代的路由器，紫光花了好几个亿，用了一年多时间，终于出来一台，甚至说超越思科最尖端的路由器半代以上，这帮人马上就认为市场属于他们了，中国所谓的民族品牌有希望了。然后去搞新闻发布会，就在这个新闻发布会当天，思科就发布了一条消息，正式推出 5 代路由器技术，那帮人听完都傻了。市场是残酷的，也是公平的，这就是"快鱼吃慢鱼"。

根据百度百科定义，"迭代"是重复反馈过程的活动，其目的通常是为了逼近所需目标或结果。每一次对过程的重复称为一次"迭代",而每一次迭代得到的结果会作为下一次迭代的初始值。

互联网的发展与应用,就是很好的示例,初始 WEB 不断被 1.0、2.0、3.0、4.0 迭代更新。在 WEB1.0 的时代,人们使用光盘、U 盘连接内容,有很多的门户网站,包括一些新闻资讯网站,主要目的在于获取资讯,是人和信息的连接。WEB2.0 时代,开始了人和人的连接,并不是一个单点对单点的传播,信息在传播中既包括了内容的因素,也包括了关系的因素。WEB3.0 时代,进入了一种人和物的连接,也就是万物连接的物联网时代。在全民网络的时代,代表着互联网趋势的 WEB4.0 呈现出的是全开放的姿态。这种"开放"不只是针对内容的开放,更是一种功能应用、互动参与及升级体验的全新模式。这种模式的核心是用户需求,关键是无门槛设置,重点是信息的共享。

【例18】同城商务网 WEB4.0 立体网站对网站建设等基本功能实行"零"门槛,用户只需动动鼠标和键盘,即可获得对网站的建设和使用。同时,在功能实现上,同城商务网认为聚合式才是对网络资源共享的最便捷和合理的应用,因而,网站实现"商家黄页+同城购物+分类信息+自主建站"的聚合式功能,全面满足用户网络商务的需求。另外,网站尊崇个性化创建理念,利用同城商务网独一无二的自由布局功能,用户完全可以自行组合和搭建模板,获得一种全新的升级体验。同城商务网是全国首家采用了分类信息+自主建站+C2C+B2C 为一体的 WEB4.0 立体网站。

实际上,WEB1.0 时期的中国互联网因处在探索和发展阶段,更多地将精力和焦点放在了技术层面,忽视了对用户需求和用户体验的努力。WEB2.0 时期的互联网技术降低了门槛,但因处在快速发展时期,尽管对功能体验和用户体验等方面做了改进,商务网站的模式还是局限在 B2B、

B2C、C2C 上面。虽然 WEB3.0 对用户体验和要求有所提高，但其后劲仍然显得不足，因此，业界人士及互联网应用专家对 4.0 充满了期待。Facebook 引发以开心网为典型的社交网站兴盛，激发了中国互联网的"拿来主义"热潮，被誉为"国内 4.0 网站开拓者"的同城商务，勇于迭代竞争，通过开放式的平台系统、创新功能应用及升级用户体验，并把全部商家搬到互联网上，打造出真正的在家购物、在家逛街模式。

（十九）经营国际化

如今全球企业经营国际化已成历史潮流。中国一流企业未来十年都将面临一个问题，那就是——"你国际化了吗"？国际竞争国内化，国内竞争国际化，无论主动与被动，中国企业已进入了国际竞争时代。

20 世纪 60～70 年代，欧美公司在战后复苏的基础上开始走出去跨国经营，国民财富迅速增长。70～80 年代，日本人开始大批量走出去、创建跨国公司，将产品销向全世界。90 年代，韩国人开始了同样的旅程，大规模走向亚洲，走向世界。做国际化的企业，而不是要做中国特色的企业，打造通用的模式、标准的流程——21 世纪的今天，该是中国人大踏步走向世界的时候了。

中国企业国际化具有三大优势：基于中国经济成长的能量位势而形成的战略优势，基于中国庞大消费市场与成长潜力而形成的市场优势，基于中国资本市场特定环境与成长预期而形成的资本优势。

企业国际化是经营学和国际商务学中的一个核心概念，指企业的经营活动跨越国界，参与和利用国际市场，在国际范围内组织商品、服务和要素的流转与转换。主要包括三种模式：出口、契约式合作（特许、联盟）和对外直接投资（独资、合资）。

国际化经营以满足国际顾客需求为宗旨，有三种分类：第一，经营资源国际化：人、财、物、信息和企业家等资源分布于全球各地，催生国际合作生产。第二，经营过程国际化：战略、组织、生产、营销、协调和控制等在国际间进行决策与安排。第三，经营成果国际化：作为经营成果的产品、工业产权和管理体系，在国际企业中交换和流动。战略管理专家姜汝祥认为，真正的国际化，主要是文化，而非规模，是客户、团队、机制的国际化。

国际化企业的基本标准——三维判断法：

维度一：能力指标。根据《财富》全球"最受赞赏企业能力排行榜"，总结出国际化企业所具备的九大能力，创新排在首位：

（1）创新能力。

（2）公司资产使用能力。

（3）全球化能力。

（4）人力优势与能力。

（5）长期投资价值与能力。

（6）管理质量。

（7）产品与服务质量。

（8）财务可靠性。

（9）社会责任感。

维度二：商业定义。国际化企业国际业务收入比例达到30%以上。

维度三：经济学意义标准。企业品牌必须建立稳定的国际影响力、全球市场地位必须处于持续强势局面、企业必须在相对长的时间内持续盈利。

世界500强企业，大多是国际化企业，拥有众多的创新技术与管理经验，值得中国企业借鉴学习。

500强企业通过一体化运营实现整合效益。国际领先的大型企业集团，无不具有鲜明的一体化整合运营的组织架构特征，并在此基础上不懈地推动后台高效智能、流程标准化和 IT 系统自动化（见表 3-4）。

表 3-4 500 强企业一体化运营提升案例

项目	原来	现在	获得的优势
通用电气	以美国为中心的业务和服务反响一般，缺乏全球数字化	・高利润、快速增长战略 ・4 个全球研发中心	・年收入增长 52%
IBM	重复的 MNC 结构	・整合的全球供应链 ・全球研发中心 ・强大的全球交付结构	・2006 年利润增长率超过同行
强生	分散式 IT、地区研发计算系统	・全球研发网络 ・全球运行效率	每股年收益增长 103%
雀巢	分散管理、运行效率低下	・全球业务卓越性 ・全球 ERP ・全球 IT 基础设施	・项目收益 24 亿美元
丰田	日本生产基地，全球出口商	・50 多家海外生产厂 ・靠近供应链位置	・5 年中，国际生产和销售分别从 29% 和 64% 增长至 38% 和 73%
宝洁	地区 MNC	・全球业务部门 ・全球服务	・年每股收益增长了 187%

500强企业通过现代管理体系打造竞争软实力。目前大多数国内企业与世界级的跨国企业相比，在企业文化、绩效管理、企业管控、营销体系、领导力与团队建设各个方面，其差距仍然是全方位的（见表 3-5）。

表 3-5 世界级企业现代管理体系与国内企业的比较

项目	差别	
	国内企业	世界级企业
企业文化	主要依靠金钱报酬凝聚员工	主要依靠先进文化凝聚员工
绩效管理	只专注管理员工的现在	更关注管理员工的未来
企业管控	基本依靠能人管控	依靠制度和企业文化管控
营销体系	利用消费者的幼稚	培养和促进消费者成熟
领导力团队	过度强调全能	主要强调认真和专业

国际化经营的阶段和特点：研究表明，联盟合作成为当代企业国际化、全球化发展的重要路径，而非并购。

【例 19-1】跨国交换从而扩大市场模式的联盟：海尔—三洋。

【例 19-2】跨国并购式的联盟：联想—IBM（PC）。

【例 19-3】中外技术合作式的联盟：小天鹅—通用。

【例 19-4】国际化购进品牌式联盟：TCL—阿尔卡特。

【例 19-5】中外合资业态创新式的联盟：王府井百货—伊藤洋华堂。

【例 19-6】跨国并购资源式联盟：宝钢—CVRD（合资办矿，巴西最大的铁矿砂生产和出口公司）。

【例 19-7】跨国公司同发展中国家企业间一般联盟。

进入国际目标市场需要谨慎选择，国际化经营需要遵循渐进原则，由近及远、先易后难。

【例 19-8】复星集团国际化经营的出发点，基于满足全球企业的战略需求——国内的企业要走向海外、国际企业要到中国发展，都需要一个全球平台。复星走出了中国企业国际化的新路径——中国动力嫁接全球资源＋中国平台整合全球资源。

2010年,复星集团正式提出全球化战略,其核心为"立足复星中国专家优势、提高复星全球发展能力",打造一个具备双向整合国际国内资源的全球平台,通过复星的全球平台,跨国资本、人才、技术、品牌等可以实现双向流动,为投资者在全球范围内创造价值。目前,复星已初步形成"保险、产业运营、投资、资本管理"四大引擎的发展模式,践行价值投资理念,推动复星集团向"以保险为核心的专注中国成长动力的世界一流投资集团"愿景稳步迈进。

复星集团注重提升自己的"中国专家"优势:包括持续多年、数量众多的成功投资案例及良好的业绩回报;合作稳定、经验丰富的核心管理团队;系统的风险管理能力、优化运营能力;健康发展的产业投资基础;广泛的投资网络和社会资源;民营经济特有的竞争优势,包括严格的成本控制能力;贴近市场的反应能力;与国际同行对标学习的能力。

复星注重打造全球能力:包括持续发现投资机会、持续优化管理、持续对接优质资本"三大核心能力",以及"六个全球化子战略":

（1）标准的全球化。

（2）资金来源的全球化。

（3）投资的全球化。

（4）人才的全球化。

（5）视野的全球化。

（6）品牌的全球化。

复星致力成为中国典范:建立国际业务发展团队全球网络（纽约、香港、伦敦等投资办公室）;聘请美前财长斯诺任董事会顾问;与凯雷集团建立全面战略合作；投资入股了法国地中海俱乐部集团、希腊Folli Follie集团、美国保德信金融集团（获批在华筹备合资寿险公司）；投资国企等医药流通、生产企业；收购以色列美容器械公司。

（二十）价值品牌化

有句话叫作"品牌制胜、创新为王"，企业的成功在于商业模式的成功，商业模式是品牌的影子，品牌是企业的有形之手，商业模式是企业无形的手，商业模式的成功体现就是品牌价值的提升。一个企业，可以有良好的经营业绩，但未必同时拥有良好的品牌，品牌思维从根本来看，是商业模式的升级与创新。

品牌是企业长期积累和打造的口碑与形象，品牌是社会公众对营销者的整体印象与评价，反映了公司的核心价值和独特的本质。品牌构成的核心元素，包括识别、承诺（价值供给）、承诺的一致性（诚信与坚持）、态度（价值取向与态度）及品牌调性。品牌调性是指品牌在市场中所运用的独有的语言识别，其主要构成包括品牌核心价值定义阐释、品牌价值诉求、品牌标识语、品牌故事以及品牌主广告语等。品牌调性并不显化，常常匿形于具体的品牌表现中，但对品牌成败的影响程度远远超出常人的想象。品牌调性如果违背了行业属性，这个品牌就无法走远，这是自由市场的潜规则，不以个人的意志而转移。品牌作用于消费者的心智，如果说需求是消费者的出发地，产品是消费者的目的地，那么品牌就是消费者由出发地到达目的地的引导者。

根据美国公认会计原则的阐述，品牌作为无形资产具有无限的生命力，美国公司必须在资产负债表上将所购并的公司的商誉资本化。品牌价值不需要在损益表上摊销，但要经过年度亏损检验，如果价值下降，则其结存价值必须降低。

品牌价值是公司占据市场、赢得财富的关键。一个有价值的品牌往往能刺激消费者需求并具备极强的定价能力。据福布斯最新公布的 2017 年全球品牌价值榜，苹果以 1700 亿美元登顶，这也是苹果连续第七年占据品牌榜榜首，其品牌价值较去年上升 10%，相当于苹果总市值的 21%（8060 亿美元）。华为以 73 亿美元品牌价值位居第 88 位，较上一年增长 9%，成为入围的唯一一家中国企业。

开展品牌提升活动，需要关注下列因素：

（1）品牌定位需要遵循四个原则：与众不同、事实支持、满足消费者利益、具有市场空间。

（2）市场细分：是将具有相同或者相似需求的顾客群体集合起来作为一个目标市场，这样群体的顾客需求能够被某一组具有针对性的营销组合来满足。

（3）品牌结构：品牌集群之间的关系、相关性以及对于营销组合的影响。

（4）品牌组合是为了最终形成合力——品牌力量：主品牌、子品牌、担保品牌、驱动品牌等。

（5）品牌的资源投入——输血还是自我输血？母品牌、主力品牌、未来主力品牌、关键品牌、侧翼品牌、现金牛品牌等。

（6）品牌的发展——现在与未来：方向明确、格调统一、价值倍增。

【例 20】时尚白酒江小白。白酒是传统文化的典型贩卖者，但白酒股票被市场腰斩，不是因为限酒令，而是传统文化的营销之路走到头了。江小白，搞出了时尚白酒概念，与传统文化切割开，二两的小包装，既不算少，也多不到哪儿去，既能嗨起来，又不至于大醉，只针对年轻人说话，各自量到为止，短时间内卖了几个亿，让传统白酒无地自容。

江小白，是重庆江小白酒业有限公司旗下江记酒庄酿造生产的一种自然发酵并蒸馏的高粱酒佳酿。江小白致力于传统重庆高粱酒的老味新生，以"我是江小白，生活很简单"为品牌理念，坚守"简单包装、精制佳酿"的反奢侈主义产品理念，坚持"简单纯粹，特立独行"的品牌精神，以持续打造"我是江小白"品牌IP与用户进行互动沟通，持续推动中国传统美酒佳酿品牌的时尚化和市场国际化。

"简单纯粹"既是江小白的口感特征，也是江小白主张的生活态度。江小白提倡年轻人直面情绪，不回避，不惧怕，做自己。"我是江小白，生活很简单"的品牌主张沿用至今，已经渗透进当代青年生活的方方面面，并繁衍出"面对面约酒""好朋友的酒话会""我有一瓶酒，有话对你说""世界上的另一个我""有路嘻哈音乐会""万物生长青年艺术展""看见萌世界青年艺术展"等文化活动。随着时间的发酵，江小白"简单纯粹"的品牌形象已经演变为具备自传播能力的文化IP，越来越多人愿意借"江小白"来抒发和表达自己，对于这个复杂的世界而言，或许人人都是江小白。

第四章　VPMsaid 实用指导

前几章，我们介绍了 VPMsaid 集合理论的基本内容与逻辑体系，从商业模式 VPMsaid 集合理论的方面，对模式家的基本素养能力培养给予了实战指引，并分享了很多商业模式的成功案例。

本章开始，进入商业模式的实践操作与指导。

笔者试图通过一些企业的真实场景，揭示商业模式失败的七大根源，包括"观念落后、人才不足、战略失误、产品缺陷、营销乏术、管理缺位、创新乏力"七种病根，为广大读者提供警示与参考。本章还将介绍 VPMsaid 模型的具体应用方法，提供商业模式实操示范。最后，给读者提供一些商业模式创新的基本应用原则。

第一节　商业模式失败根源

BATJH（百度、阿里、腾讯、京东、华为）的成功，成为全中国人的骄傲！但是，他们的成功不是一天实现的，每一个企业都经历了无数次的失败与考验。并且，市场上更多的企业经历了更多的失败与消亡。过于依靠VC输血的O2O领域几乎是各个领域当中最为惨烈的，涵盖了医疗、餐饮、房产、出行、汽车、教育、金融等各个行业。刘强东曾在公司内部的一场分享演讲中透露，有个估值2亿美元的二手车APP公司，其实交易量少得可怜，"只有两辆，还是员工自己买的"。难以培养用户习惯，即便靠补贴拿到了资本，但等钱烧完了，用户习惯还是没有沉淀，这是O2O行业面临的最大问题。

成功的经验可以为后来者指明方向，但由于时间与环境的差异，成功永远不可能被复制。相反，失败的教训更能够使人少走弯路。马云的湖畔大学跟MBA的最大差异，不是教大家怎么成功，而是告诉大家别人是怎么失败的，所有的案例，都是以失败为主，但不都是失败。马云希望大家多学一点别人怎么失败，别人是怎么犯错误，在这个错误里面是怎么挺过来的。

以下是笔者对众多企业失败原因的思考。

一、观念落后

当前，人类已经进入智能互联、智力经济、智慧健康的三智时代，一切商业模式必须以三智环境为出发点，一切观念必须满足人们美好生活的三智需求，一切成功必须具有三智方面的核心竞争能力。

企业观念落后，体现在人才意识、合作意识、管理意识、质量意识、营销意识、服务意识、创新意识等方方面面，服务意识落后，将被客户抛弃；创新意识落后，将被对手超越。

观念落后，莫过于将网上电子商务，狭隘地误认为是将原来的业务从"线下搬到线上"，或者是在线上又开了"一个店"。线上的一个店，既是一个终端，更是一个渠道，是一个通向全国和全球的渠道；也是一个平台，是企业与外界的交流与合作平台。

网络资料：张泉灵的一个朋友通过互联网节目，1个小时销售了单价1500元的案板1万套（每套3块），是那个德国品牌在全亚洲1年的销量。张泉灵说："线上的一家店不是一家店！"您对于互联网的认识观念，需要调整更新吗？

【例1】新金融的诞生。中国传统银行占据国有资源，长期以老大自居，观念落后，服务乏善可陈、创新缺乏动力。在互联网和信息技术革命推动下，金融业架构中的"底层物质"正在发生深刻变化，移动化、云计算、大数据等大趋势引发金融业"基因突变"，首批开业的民营银行深圳前海微众银行和浙江网商银行作为典型的新兴互联网银行异军突起。这种变化使得传统金融业版图日益模糊并缩小，促使传统金融业务与互联网技术融合，通过优化资源配置与技术创新，产生出新的金融生态、金融服务模式与金融产品。反映在金融市场上具体表现为：金融要素市场化、金融主体多元化、金融产品快速迭代过程正在发生，被人们称之为"新金融"。互联网金融善于发现客户个性化需求、注重客户体验，对市场的反应速度和产品创新要快于传统银行，一些民营银行已尝试借助互联网技术及资源优势，以科技引领、开创新型的运营模式，尝试摆脱传统银行的业务屏障及物理限制、降低业务门槛，拓宽业务辐射范围等；而传统银行在资金实力、经营范围、风险控制经验和业务规范，以及客户基础和海量数据方面拥有绝对优势。互联网技术的蓬勃发展，迫使传统银行业谋求转型升级，同时也为互联网企业进入金融业带来了机遇。银行已经在考虑引用互联网金融的创新举措并与其合作，如银行自身构建互联网平台、或通过业务部门发展互联网金融产品，乃至与互联网公司建立战略合作框架逐步落实，也将促进互联网金融进入良性发展阶段。对于新兴互联网民营银行而言，既不会完全颠覆传统银行业，也不会是互联网金融的替代，其共通点在于金融产品创新和满足服务群体的需求，大家都是"互联网+"时代下的金融同行者，将共同构成多层次的金融体系。

二、人才不足

企业的持续快速发展，需要技术、管理、财务、营销等方方面面的专业人才，很多企业在不同的发展阶段，总会遇到人才瓶颈，或是新业务缺乏新人才，或是骨干人才、研发团队、营销团队跳槽或被挖墙角，导致业务停滞。也有些企业管理混乱，是现代型的叶公好龙。管理者需要那些有学历、高学历的人员作为一种陪衬，也需要一些有专利、有成果、有专著的人作为点缀，但是管理上并不真心用这些人之所长，他们所重用的仅仅是他们认为忠心的、放心的人，哪怕是庸才。优秀的企业，能够使庸人变成能人，差的企业，往往会让强人变成废人，最后是企业自己变成了小人，埋没了人才。

民营企业人才不足相对严重，许多民营企业经过十几、二十年的发展，仍不重视人才培养和开发，愿意把大量资金投入到设备、厂房、原材料等硬件上，却不愿意在人才培养和人力资源建设上投入，企业规模和产值翻了几番，但人才资源还是捉襟见肘，供应不足，不能满足企业进一步发展需要。

笔者早年考察过一家民营的医学教学装备企业，从生产研发到经营管理，各个部门的关键岗位都缺乏合格的带领人，老板夫妻俩既是总经理、董事长，又是财务官、技术指导，还是市场策划和产品专员。经常会出现产品质量问题、管理问题、骨干跳槽和员工投诉等不良事件。这样的民营企业很多，人才匮乏阻碍了企业的快速发展。

中国新医改进行了十年，国家累计投入并不算少，但看病难的问题依然难以解决，其根本原因之一在于医生人才的不足，尤其是高水平医生的缺乏。国家新建了不少医院，民营医院也在快速增加，但医生培养需要较长的周期，这些医院如果不具有高素质的医生专家团队，很难在市场上赢得竞争。

【例2】创业公司遭遇招人痛苦。有关专家表示，移动互联网行业存在大量人才尤其是高端人才的缺口，2015年到2020年，缺口将达1000万。

在"互联网+"大潮下，不少创业公司老板吐槽：除了人才报酬要求水涨船高外，还经常遭遇招不到人、留不住人的痛苦。好市网是广州番禺一家橡胶行业电商平台，在"互联网+"的政策利好带动下，该电商平台2015年加快了筹建步伐。公司创始人之一张伟豪说，自己非常看好橡胶行业电商平台，近期在筹建过程中却遭遇了招不到人、留不住人的痛苦。"昨天刚走了两个工程师，他们才干了一个星期。""近期，我们想尽办法在各种线上、线下渠道招人，但还是很困难。"他新装修的办公室可以容纳50人，现在才招到了10人，远远不及目标数。

高端人才的需求尤其紧俏。雅虎公司北京全球研发中心关闭，约有350名员工将被裁撤的消息一经发出，许多国内的互联网企业闻风而动，开始了"抢人大战"。相关二维码在朋友圈公布后，两个小时，群里涌入了300余名各互联网公司人员和猎头，其中包括至少200家互联网公司创始人甚至投资人。互联网公司研发部门员工遭裁员后被"哄抢"的事件已不是新鲜事，早先的摩托罗拉裁员、微软裁员以及诺基亚90%员工被裁，都引起了各IT巨头的哄抢。

三、战略失误

管理学大师彼得·德鲁克曾说过，使企业遭受挫折的最主要原因恐怕就是人们很少充分地思考企业的任务是什么，可见战略对于企业发展至关重要。阿里总参谋长曾鸣既在商学院当过教授，又有阿里巴巴的工作经历，他对企业战略思考后认为，战略是学术与实践的结合，既是科学，也是艺术和手艺。早些年有人认为，外企的失误多半是管理的失误，国内企业的失误多半是战略的失误，说明国人对战略的重视与应用尚稍逊一筹。

战略是对企业长远与全局性的思考，也是对企业商业模式的根本性指导。战略是对企业资源能力、环境生态、挑战与机遇等综合考量之后，对企业"应该做什么、做到什么样和不要做什么"的权威规范与指引。战略是在想做的（情怀）、要做的（责任）、能做的（资源）、可做的（法律）诸因素之间，选择该做的（理智）；是将无序的、相争的、脱节的、错误的企业思想与行动，统一在一个权威的战略之下，达成一致的思考与行动（见图4-1）。

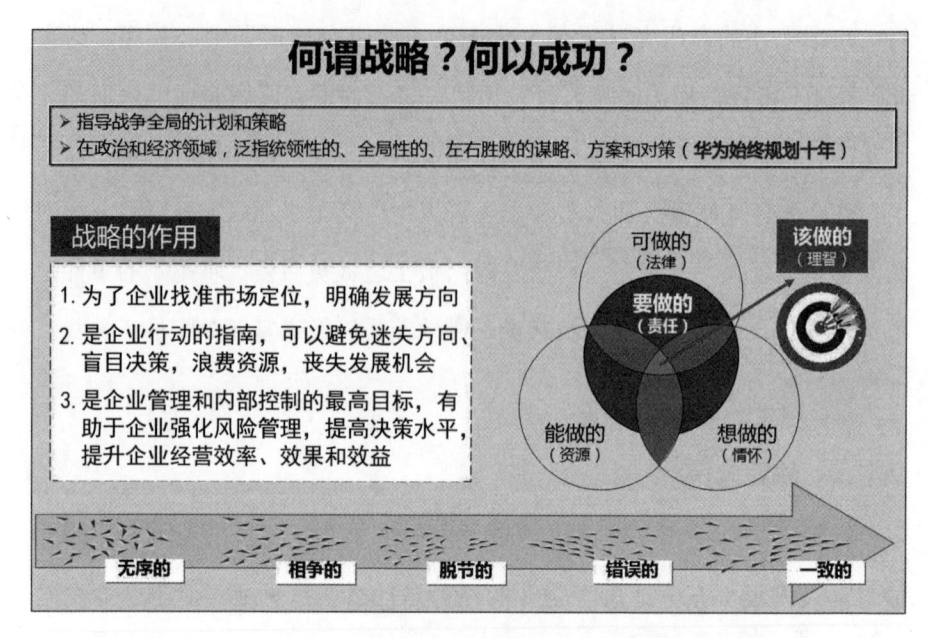

```
┌─────────────────────────────────────────────────────────┐
│              何谓战略？何以成功？                          │
│                                                          │
│  ➢ 指导战争全局的计划和策略                                │
│  ➢ 在政治和经济领域，泛指统领性的、全局性的、左右胜败的谋略、方案和对策（华为始终规划十年） │
│                                                          │
│  ┌─战略的作用──────────────┐      可做的    该做的        │
│  │ 1. 为了企业找准市场定位，明确发展方向 │   （法律）   （理智）       │
│  │ 2. 是企业行动的指南，可以避免迷失方向、│      要做的                │
│  │    盲目决策，浪费资源，丧失发展机会 │       （责任）               │
│  │ 3. 是企业管理和内部控制的最高目标，有 │                            │
│  │    助于企业强化风险管理，提高决策水平、│  能做的     想做的         │
│  │    提升企业经营效率、效果和效益    │   （资源）   （情怀）          │
│  └─────────────────────────┘                             │
│                                                          │
│   无序的   相争的   脱节的   错误的   一致的 ▶           │
└─────────────────────────────────────────────────────────┘

图 4-1　企业战略的基本定义与要求

某种意义上看，企业战略是未来的商业模式，商业模式是当前的企业战略。好的战略需要提供可行的路径与商业模式，战略家应该是合格的模式家。否则一旦战略失误，企业将失去好的战略机遇，发展缓慢或停止，甚至倒退和倒闭。模式家要有战略思维，能够及时发现战略偏差，设计可落地的商业模式，确保企业阶段性的成功，为企业调整战略赢得市场空间。

【例3】太阳神的多角化战略失败与乐视国际多元扩张受阻。企业快速多元化扩张时，由于人才、资金、技术、管理等各项资源能力跟不上发展需要，最终深陷泥潭，毁于扩张。

### 四、产品缺陷

企业由于产品缺陷而被竞争者超越，那是再平常不过的事了。产品缺陷包括产品质量问题、产品功能与用途、产品包装、产品的售后维护、产品定价过高、技术与工艺落后、解决方案落后、服务水平低劣等。产品如
```

果存在质量问题，将会对企业产生致命打击。有时不完全是产品的缺陷，而是新技术的诞生，产生了更好的产品与服务，老产品、老企业就被颠覆淘汰了。互联网技术改变了人类生活方式，也改变了各行各业的生态环境，并且颠覆了所有传统行业的商业模式。如，手机代替了报纸、相机、手表、现金支付等很多功能。又如，苹果手机自己不断迭代与更新，持续超越自我、领先同行，保证了苹果在智能手机领域的独尊地位。

人类已经进入工业4.0的智能制造时代，产品被更替的速度越来越快，企业一定要有忧患意识。工业1.0是机械制造时代，工业2.0是电气化与自动化时代，工业3.0是电子信息化时代。工业4.0描绘了一个通过人、设备与产品的实时联通与有效沟通，构建一个高度灵活的个性化和数字化的智能制造模式。工业4.0直接将人、设备与产品实时联通，工厂接受消费者的订单直接备料生产，省却了销售和流通环节，整体成本比过去下降近40%。淘宝扮演的是网络销售渠道商的角色，而当消费者可以直接向智能工厂定制商品且价格更低时，淘宝也将面临极大压力。

从消费意义上来说，工业4.0就是一个将生产原料、智能工厂、物流配送、消费者全部编织在一起的大网，消费者只需用手机下单，网络就会自动将订单和个性化要求发送给智能工厂，由其采购原料、设计并生产，再通过网络配送直接交付给消费者。在不久的将来，买车可能实现个性化定制——在手机里打开智能汽车工厂App，从数百种配置中选择一款车型，然后在个性化订单中输入诸如"把轿车内饰设计成绿巨人"的要求，约一个月，一辆用工业4.0流水线为你量身设计、制造的"绿巨人版轿车"就会送到你家门口，价格并不比量产车贵多少。

现在所说的工业4.0，是以智能制造为主导的第四次工业革命。与工业3.0的流水线只能大批量生产不同，工业4.0流水线可实现小批量、多批次生产，最小批量可达到一件。也就是说，为消费者量身定做的孤版汽车或商品，也可以上流水线生产出来。

【例1】过时的福特黑色T型汽车。福特汽车的创始人老福特，通过他自己的研究发明了一种结构简单、造价低廉的黑色T型汽车。他的福特汽车公司由此获得了很大的成功，他对自己开发的这一产品产生了深厚的情感，后来市场发生了很大的变化，人们的消费水平提高了，不再满足于这样一种产品，而追求档次高、有一定个性化的产品。但他无视这种变化，固执地仍只生产自己的黑色T型汽车。他的儿子把握住市场变化趋势，组织人力、物力研发出适应市场变化的新产品。但由于对黑色T型汽车的特殊情感，老福特看不到市场的变化，也拒绝适应这种变化。他武断地否定了他儿子的努力，公开砸毁了由他儿子主持研发出来的新产品。他的企业也为这一决策付出了惨重的代价，永久性地败给了通用汽车，从此远离了汽车行业的龙头地位。

【例2】问题药——2011年强生召回门（网络讯息）。2018年1月14日，美国强生宣布再次大规模召回问题药，涉及超过4500万件药品。连续不断的召回让强生疲于奔命。强生此次召回的药品包括儿童用泰诺、8小时泰诺、泰诺关节炎止痛片、可他敏、速达菲、派德等多种非处方药。

伴随这次召回，在美国强生还陷入涉嫌隐瞒"召回门"的丑闻。美国俄勒冈州起诉强生公司及其子公司McNeil Consumer Healthcare（麦克尼尔），称强生雇用其他公司为其从药店秘密购买存在缺陷的Motrin药品。

2010年以来，这已是强生第八次进行大规模召回。问题药品都来自麦克尼尔位于宾夕法尼亚州的工厂。由于连续陷入召回门给强生带来重大打击，2010年前三季度，强生在美国市场大幅下滑25%，营业收入从2009年的17亿美元下降到13亿美元。而整个2010年，因召回事件，强生损失达6亿美元。

强生表示，在与美国FDA协商之后，"自愿"召回前述问题产品，涉及地区为美国、巴西以及加勒比地区。这些产品是2010年4月份前生产的，问题工厂已被暂时关闭。强生公司表示，在历次召回事件之后，强生对其生产记录进行了彻查，发现部分产品的生产清洁环节出现问题，因此进行了召回。不过，强生称，这些问题影响到召回产品质量的"可能性非常小"。

根据强生公司发布的信息，由于质量控制问题，其子公司麦克尼尔2009年一年共召回了2250万瓶非处方药。而美国FDA则称，如果包括其他被召回的产品，麦克尼尔2010年召回的产品远超过这个数字，包括各种瓶装、箱装在内，达到2880万个药品单元。

但2011年刚刚开始，强生又一次性召回4500万件，远超过2010年全年。强生表示，检查仍将继续，一旦发现问题，该公司还可能再次进行召回。这已是强生2010年以来第八次召回问题药品了，而从强生的表态来看，这可能还不会是最后一次。

五、营销乏术

营销这个词，很多人一知半解、似懂非懂，以为只是销售产品做买卖。也有些人把营销误解为就是推销产品，好像低人一等。很多企业家是"技术出身"，懂研发和生产，认为只要产品好就会有市场。殊不知现在已经是产品过剩的买方时代，再高精尖的产品，也会很快被仿制，甚至被超越，蓝海很快变红海。

现代营销，其本质是对产品全生命周期进行的科学管理与专业推广，从研发开始，到生产、销售，再到使用的售后服务，整个过程以市场为导向，做到满足客户需求、高质量、低成本、产销匹配、服务完善，在新品上市、节日促销、市场推广、企业招商、渠道建设、政府合作等方面，开展全方位营销。这样一种全方位的营销体系，正是大部分企业的软肋。

企业如果没有现代营销理念与营销体系的支撑，是很难立足的。众所周知，药品营销是最为复杂与困难的事情。首先，药品研发周期长，一般需要5～10年。其次，成本高、风险大，一个产品研发投入5～10个亿很普遍，产品上市能否盈利尚难预料。再次，销售门槛多，涉及药监局申请批文、工厂GMP认证、省级招投标、医院药事会讨论、科室主任申请、医生产品介绍、降价令、二次议价、两票制、税务检查等。在这样一种政策与市场环境下，中国医药界的同行们，依然不忘初心，不畏艰难，不断创新营销与提升服务，有力保障了全民健康。

现代营销需要借助互联网为基础的新科技成果，内部管理信息化、外部推广网络化，运用大数据、人工智能、区块链等先进技术，提高营销的前瞻性与精准性。

现代营销需要重视营销人才的挖掘与培养，营销天才可遇不可求，大部分营销人员可以通过培训提高营销技能、提升业绩。

现代营销离不开电子商务，未来企业不存在纯电子商务，要重视线上线下的融合，更要关注C2B、C2F的反向定制。

【例3】宝威油漆在欧洲拥有"贵族"身份，但在中国却难有起色，其原因如下：

(1) 缺乏市场进入的营销战略

与宝洁、麦当劳、可口可乐等以营销见长的世界级企业不同，宝威进入中国市场缺乏系统的战略思考和规划，中国油漆市场规模和前景如何？中国消费者对油漆的购买行为和消费习惯是什么？谁是自己的目标客户群？谁是自己的竞争对手？选择什么时机进入？进入哪些市场？以哪些产品进入？这些对宝威来说都是"未知数"。战略决定成败，正如孙子兵法所说"多算胜，少算不胜，何况无算乎"？宝威进入中国市场缺乏清晰、科学的扩张战略，埋下了失败的"种子"。

（2）缺乏对中国市场和消费者的深入"洞察"

对于在欧洲占据显要位置的宝威来说，要进入的中国市场与欧洲和西方国家不同，有着自己独特的区域文化，中国消费者在购买能力、购买行为、消费习惯、价值取向等方面也与欧洲市场和消费者有着非常大的差异。在不进行系统、科学的市场调查研究的前提下，仅凭对中国市场所知甚少的外籍高管对区区一个中国中等城市的偶然一次走访，就做出了中国市场缺乏购买能力、市场规模和潜力小、市场培育需要较长时间等结论，犯下了典型的"只见树木，不见森林"和"经验主义"的错误。这就直接导致宝威丧失进入中国市场的绝好时机，给了包括立邦在内的先行进入中国市场的世界级竞争者"先入为主"、抢占消费者心智的难得机遇。

（3）品牌传播与消费者沟通策略失误

经营品牌就是经营企业与消费者、产品与消费者的关系，这种关系的建立和巩固需要策略上的精准、沟通上的多渠道、传播上的多角度。宝威缺乏对中国消费者内心世界的深刻洞察，完全站在自身角度考虑，以"全世界领先的技术"傲慢地对待消费者，是完全的技术导向而非消费者需求导向，以缺乏感情沟通的冷冰冰的技术来传播品牌。实际上，中国消费者对家庭装饰除了功能上的需要外，更需要从个性、情感和个人表现上得到满足。

（4）营销体系管理的失误

中国是地理面积、区域跨度都很大的市场，不同区域市场的分销渠道体系差距也很大，而近年来以超市、大卖场为主的新型零售业态迅速崛起，竞争对手在中国市场的分销策略也在不断进行创新。宝威在中国区域市场的产品销售和分销体系缺乏科学的规划，不顾品牌基础、竞争现状和营销队伍水平和实力，完全以模仿的方法推出"百城千商万店"的经销商发展计划，结果使当地营销人员迫于压力不惜请专业的调研公司以假数字来蒙骗总部。

【例4】麦当劳煽情被骂（网络讯息）。总是和欢乐联系在一起的麦当劳，突然玩起了沉重话题的情感营销，结局怎样呢？李奥贝纳策划的故事是这样的：一个男孩和母亲谈起了去世多年的父亲，在母亲的叙述中，他发现父亲生前整洁体面、擅长运动、讨女孩喜欢，自己和他简直没有什么相似的地方。当情绪低落的他正准备吃麦当劳时，母亲告诉他，原来他和父亲一样喜欢麦香鱼汉堡。

麦当劳原本希望大众备受感动，但在很多敏感的消费者看来，麦当劳拿"死亡"这件严肃的事来卖汉堡，是相当荒唐和不可接受的。结果麦当劳在英国这个广告因为投诉而下架了。

心理治疗师Shelley Gilbert说她接到了许多家长的电话，声称麦当劳的做法让失去了父亲或母亲的孩子感到难过。"失去亲人的痛苦难道是一顿麦当劳可以解决的？""麦当劳要让它的产品和消费者的痛苦回忆联系在一起吗？太可怕了。"

六、管理缺位

有句话叫"人不理财，财不理人"，可见财富是需要管理的。企业经营与商业模式的运作，更加需要管理，管理出效益，管理出成果。

对于管理的对象，传统管理主要是针对人、财、物，现代管理衍生出资源管理、信息管理、大数据管理、客户管理、供应链管理、平台管理、生态管理等新的内容。

人的自由本性决定人是最不愿被管理的，人的自私本性也决定了人是最需要被管理的。没有规矩不成方圆，美国通用电气公司（GE）、海尔等国际化先进企业，没有一家是管理落后的企业。其成功的商业模式背后，凝聚了无数的管理实践与智慧。

管理的根本在于知人善用，管理者要知道下属有没有能力、能不能发挥，没有能力的要培养能力，不能发挥的要创造奖惩机制促使其发挥。不要以为小企业不规范，管理问题多一些，大公司仍然会存在管理问题，有时会是致命的问题。

我们已经知道管理缺位是商业模式失败的根源之一，但具体导致管理缺位的问题又有哪些呢？管理问题不仅仅是被管理者的问题，也有管理者自身的问题，均瑶集团老总管理上事无巨细，结果病倒不治了；三九集团老总管理上独断专行，结果多元化失败了。

管理问题的产生，可以归结为下列基本原因：

（1）指令不明确。高层没有清晰地将战略和管理目标传递给中下层，导致执行层面不完全了解所要执行的命令，执行中必然打了折扣。

（2）渠道不畅通。一是从上往下传递的渠道，问题通常出在中层管理者身上，当高层制定的政策中涉及不利于中层的利益时，中层管理者出于本位主义而使信息传递不全或走样，结果执行就遭遇障碍打了折扣；二是由下而上的信息反馈通道，即基层人员在执行中碰到的问题没有及时向上反映或在中层遭遇障碍，存在的问题得不到及时处理和解决，结果不畅通的渠道影响了执行力。

（3）战略不清晰。没有清晰而专注的战略，今年换一个方向，明年换一种策略。战略不是一朝一夕就可以随便更改的，不清楚自己的战略将会让企业付出沉重的代价。

（4）目标不确定。有了明确的目标，做事情才会有方向。具体可将目标设定为"基本目标""挑战目标"和"极限目标"。有了方向和具体数量指标后，才能充分发挥执行者的作用。对于执行者来讲，目标既是牵引力，也是驱动力。

（5）人员不到位。没有合适的人做合适的事情，令项目无法开展，缺乏应有人才，致使执行力打折，所以企业一定要做到人员到位，只有人员到位了，事情才能顺利进行，才能更好地发展。

（6）结构不合理。机构臃肿，结构混乱、职责不清、"学非所用、用非所长"，导致组织结构不合理，分工不合作，互相扯皮推诿，工作效率低下。

（7）职责不清楚。每个部门、岗位职责不清楚，领导有任务就分摊，员工没有清晰的职责范围，无从完成本职工作。

（8）轻重不分。眉毛胡子一把抓，没有关键和重点以及先后顺序和轻重缓急。企业应遵循"二八"效率原则，清晰重点环节和轻重缓急，有的放矢，执行效率才能更好地发挥出来。

（9）跟踪不到位。"不管过程，只要结果"，其实是一个错误的观点。在执行过程中遇到的问题跟踪不到位，问题就会拖沓延长，结果执行力大打折扣。

（10）非智力素质不过关。非智力素质包括商商（CQ）、情商（EQ）、信念、心态、毅力、激情等，对企业成长具有重要影响。

（11）培训跟不上。中国的企业总是怀疑员工培训的意义和价值，学习型组织讲了很多年了，中国企业真正理解学习型组织的真谛，且切实建立起学习型组织的少之又少。

（12）文化不务实。企业文化搞得太玄虚，刻意追求华而不实的文化，不能深入人心，不但不利于执行，反而有害于执行。

（13）奖罚不分明。做多做少一个样，结果人人自求利益，工作无冲劲。

（14）标准不统一。什么样的结果才是合格和满意的，往往缺乏相应的考核标准，使员工在执行过程中感到困惑。正确的做法应该是将执行目标层层分解，并制定每个岗位的考核标准，才能使执行者有一个执行的参照系，不至于出现滥竽充数、蒙混过关的现象。

（15）流程不顺畅。流程重复、脱节、颠倒、过长、缺乏时间节点等，就会导致效率低下、管理混乱。

【例5】肖克利的家长制管理。物理学家威廉·肖克利（Shockley. William Bradford），出生于英国伦敦，后迁往美国加州。因对半导体的研究发现了晶体管效应，与巴丁和布拉顿分享了1956年度的诺贝尔物理学奖。肖克利是天才的科学家，IT历史上著名的肖克利半导体实验室创建人，但却是最糟糕的管理者。他的弟子因为仰慕他的天才而聚集到他周围，但又因为他糟糕的管理最终离他而去。而正是这些弟子，却组成了被誉为硅谷"西点军校"的仙童公司。以上事件的起因，源于肖克利的家长制作风，这位老科学家在后辈面前丢尽了脸，发财梦彻底破灭，被迫弃工就教。1958年，肖克利应特曼之邀，开始在斯坦福大学兼课。1963年，正式离开自己创办的半导体公司，到斯坦福大学做了一位名就而功败垂成的教授。

可见管理之于企业存续的重要价值。

【例6】华为向惰怠行为说不。华为公司成功的一个很重要的因素，就是始终警惕员工惰怠情绪的蔓延和泛滥。任正非说："没有什么能阻挡我们前进的步伐，唯有我们内部的惰怠与腐败。要杜绝腐败，惰怠就是一种最广泛、最有害的腐败，人人皆有可能为之，不要以为与己无关，置公司于死地的就是这种成功以后的惰怠。"

再伟大的公司，也会出现裂隙与险情，管理无止境！

华为公司认为管理者的18种惰怠行为包括：

（1）安于现状，不思进取。

（2）明哲保身，怕得罪人。

（3）以领导为核心，不以客户为中心。

（4）推卸责任。

（5）发现问题不找原因。

（6）只顾部门局部利益，没有整体利益。

（7）不敢淘汰惰怠员工，不敢拉开差距，搞"平均主义"。

（8）经常抱怨流程有问题，从来不推动流程改进。

（9）不敢接受新挑战，不愿意离开舒适区。

（10）不敢为被冤枉的员工说话。

（11）只做二传手，不做过滤器。

（12）热衷于讨论存在的问题，从不去解决问题。

（13）只顾指标不顾目标。

（14）把成绩透支在本任期，把问题留给下一任。

（15）只报喜不报忧，不敢暴露问题。

（16）不开放进取，不主动学习，业务能力下降。

（17）不敢决策，不担责，把责任推给公司。

（18）只对过程负责，不对结果负责。

任正非对360度评估说不！华为拒绝360度人才评估，要奋斗者而不是老好人！因为，360 度评估人才的结果是：老好人得分最高！最后的结果是，引导全公司的人都做老好人！

七、创新乏力

在旧地图上是不会发现新大陆的！企业竞争，主要是商业模式的竞争。而商业模式的竞争，除了人才的决定因素，其根本在于创新的竞争，创新是第一生产力，模式基因维新不败。

创新是企业的灵魂，创新力是企业竞争的巧实力。根据美国创新力竞争与发展公司调研，在创新、机会、风险、附加值、速度、规模经济、品牌、信息占有、景气、供求关系十大因素中，创新成为企业创造利润的首要因素（见图 4-2）。

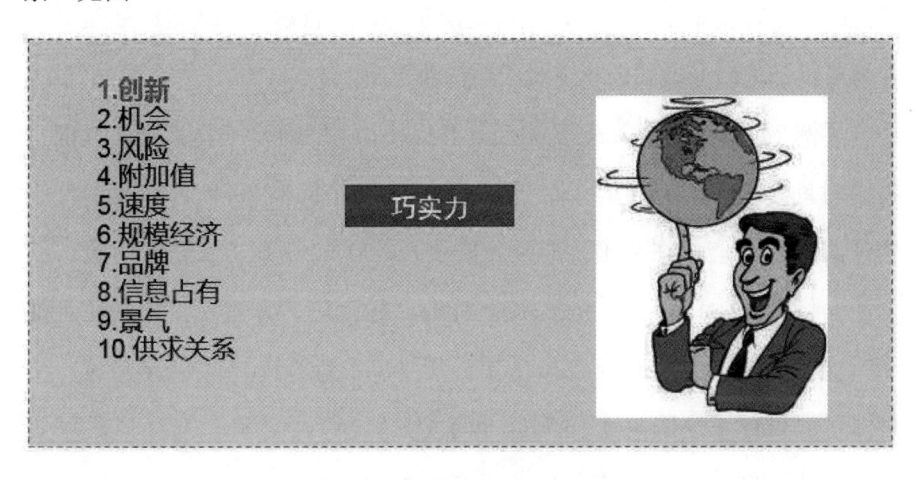

图 4-2 企业创造利润的十大因素

（来源：美国创新力竞争与发展公司）

比尔·盖茨说：创意犹如原子裂变一样，只需一盎司，便可带来不可计数的商业效益。华润北医股份陈济生总结道：先者生存！先一步，胜百步！

缺乏创新能力的企业，就像贫血的机体一样没有活力，只会模仿别人。养生堂公司总裁发出豪言："像我者死也"！诺华公司 CEO 江慕忠（Joseph

Jimenez）认为：降价仅仅是一种磨炼，不管风云如何变幻，创新才是发展的硬道理。

从商业模式 VPMsaid 集合模型来看，创新贯穿 VPMsaid 7 个方面的每个方面，产品力、渠道力、营销力、服务力、管理力、盈利力、发展力均需要创新力的支撑，创新犹如原子裂变，可以产生巨大的能量。创新的基础是研发，包括产品研发、技术研发、理论研发、模式研发等。

商业模式的系统创新比产品创新和服务创新更为重要，因为它涉及整个公司的价值创造系统，创新商业模式是一个系统工程。真正的变革绝不局限于伟大的技术发明及其商业化，它们的成功在于把新技术和恰到好处的强大商业模式相结合。商业模式创新可以改变整个行业格局，让市场重新洗牌。这种创新由来已久，无论是沃尔玛还是百思买，或是西南航空和亚马逊，都是商业模式创新造就成功的典范案例。

【例7】中国方案入选了 5G（第五代移动电话行动通信标准）标准。美国时间 2016 年 11 月 17 日，国际无线标准化机构 3GPP 的 RAN1（无线物理层）87 次会议在美国拉斯维加斯召开，就 5G 短码方案进行讨论。三位主角依然是中国华为主推 Polar Code（极化码）方案，美国高通主推 LDPC 方案，法国主推 Turbo2.0 方案。最终，华为的 Polar Code 方案，从美国主推 LDPC，法国主推 Turbo2.0 两大竞争对手中胜出，成为 5G 控制信道 eMBB 场景编码方案，而 LDPC 成为数据信道的上行和下行短码方案。

5G 短码编码方案共分数据信道编码和控制信道编码，编码与调制被誉为通信技术的皇冠，体现着一个国家通信科学基础理论的整体实力。在通信行业，标准之争是最高话语权的争夺。一旦标准确立，将对全球通信产业产生巨大影响。这次胜出是华为和中兴两家多年研发投入的显现，未来更多 5G 技术都将有华为和中兴的影子。

华为公司之所以获胜，在于其多年的创新与研发。华为 2016 年度财报显示，营收同比增长 34%，达到 5216 亿元（751 亿美元）、研发投入 764 亿元（110 亿美元），研发占比高达 14.65%（见图 4-3）。

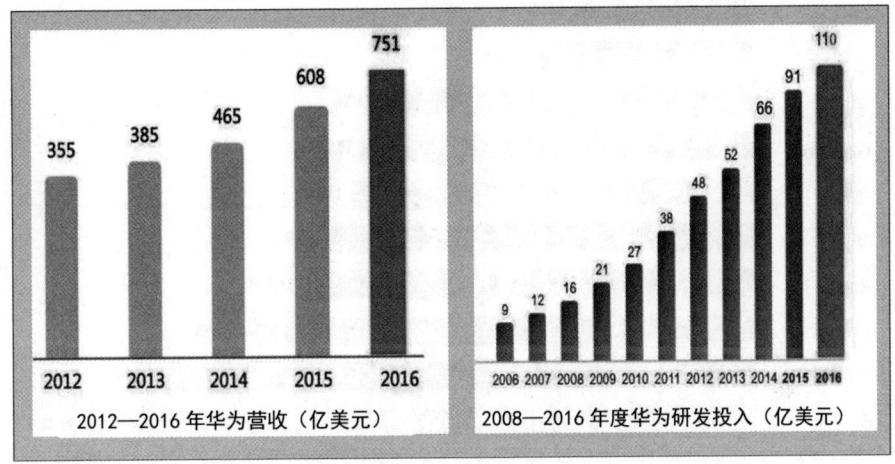

图 4-3 华为历年营收与研发统计

任正非说："泡沫经济对中国是一个摧毁，所以我们就一定要踏踏实实地搞科研。"他所说的科研，既包括支持今天产量的产品研发，也包括面向未来的基础研发。

全球高科技行业的顶尖公司无不重视研发创新（网上公开资料），其研发投入平均远远高于中国企业平均水平（见图 4-4）。

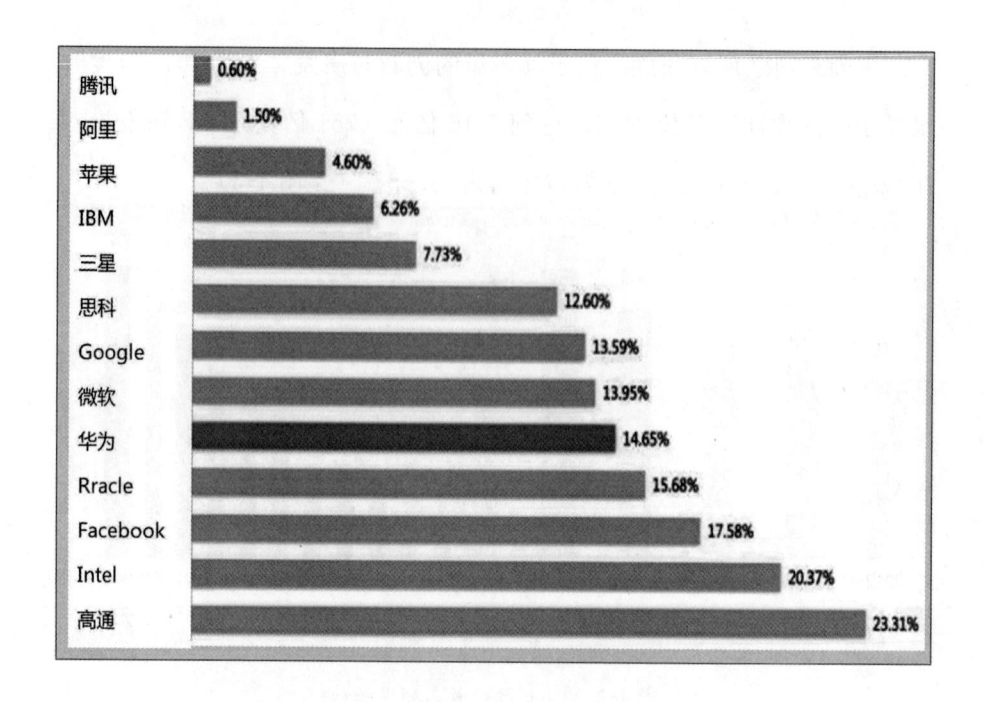

腾讯	0.60%
阿里	1.50%
苹果	4.60%
IBM	6.26%
三星	7.73%
思科	12.60%
Google	13.59%
微软	13.95%
华为	14.65%
Rracle	15.68%
Facebook	17.58%
Intel	20.37%
高通	23.31%

图 4-4 2016 财年全球科技企业研发投入占比

【例 8】比较符合"无创新即死亡"咒语的两个例子，就是诺基亚和柯达（源自腾讯科技）。导致它们失败的 5 大创新盲点，可以供后来者借鉴。

（1）诺基亚与柯达的业务范围过于狭隘。教训：在确定企业业务范围时，需要保持谨慎和警惕，敢于否定自我、突破自我。要确保业务的广泛性，以便包容可能出现的变化。要确保业务的深度，足以触及消费者的核心关注点。

（2）诺基亚与柯达忘了消费者。教训：确保以消费者为中心，以市场为导向，多花些时间去了解消费者的需求，并仔细思考如何帮助他们解决问题。

（3）诺基亚与柯达反应过慢。教训：保持敏捷和果断。做出艰难决定以拥抱新技术或新产品，即使企业依然处于盈利和舒适状态。调整现有产品无法帮你走得更远。

（4）诺基亚与柯达未听从自己人的意见。教训：确保公司各个层面都能让发明者发出声音，然后倾听他们，优先采纳专家的建议。

（5）诺基亚与柯达未能培育出创新文化。教训：让创新真正成为企业文化中的有机构成部分，确保给予创新者以丰厚回报，帮助员工成功。

没人敢说创新很轻松，也并非所有创新盲点都是致命的。幸运的是，我们可以从诺基亚和柯达的失误中吸取教训，寻找发现和超越自我创新盲点的最佳方式。

第二节　VPMsaid 应用示范

市场是有限的，但机会是无限的。装填杯子，怎样能够多放一点东西呢？如果先放小石子，再放沙子，再放水，然后还能放盐，还能放糖，是否空间大了呢？

商业模式的创新与变化是无穷的。根据 VPMsaid 模型统计显示，企业在 7 个方面各种能力强弱对比的不同组合，可以演化出 5040 种基本的商业模式。第二章总结了 84 种基本范式，每个方面 12 种范式。而 5040 与 84 的排列与组合，则可以为企业创新演化出无数种商业模式（见图 4-5）。

世上的事情可以划分为三种类型，第一类：稍做努力，就可达成；第二类：不懈努力，能够达成；第三类：怎么努力，也不能达成目标。由于人的局限或傲慢，往往分不出事情究竟属于哪一类。

图 4-5 商业模式 VPMsaid 集合

人们很难通过想象判断出企业商业模式的优劣与等级，需要借助客观的评估模型与工具。VPMsaid 模型的评估，恰恰可以告诉我们，企业内部是一种怎样的状态？企业在市场上是一种怎样的地位？企业在未来需要怎样的行动？

企业评估 VPMsaid 模型操作方法，介绍如下。

一、梳理企业自身商业模式的基本内容

根据"商业模式基本范式 VPMsaid 一表通"7 个方面，逐项并客观填写企业商业模式基本内容梳理表，可以清晰地得到企业商业模式的整体印象（见表 4-1）。

表 4-1 企业商业模式基本内容梳理表

七个方面	V- 企业价值 Value	P- 输出渠道 Path	M- 市场营销 Marketing	s- 客服服务 Service	a- 公司管理 Administration	i- 利益收入 Income	d- 持续发展 Development
特征	制造+智造	流通+互联网	客户+用户	专业+贴心	制度+机制	价格+转换	融合+跨界
一	产品	商业	消费者	场景	组织	收费	战略
1							
2							
3							
4							
二	技术	零售	终端	体验	运营	免费	创新
6							
7							
8							
三	专业服务	电子商务	供应商	顾问	机制	移动付费	品牌
10							
11							
12							

二、看清企业内部的商业模式形态是怎样的

（一）建模

VPMsaid 分别代表企业 7 个方面的模式能力：V- 产品力、P- 渠道力、M- 营销力、s- 服务力、a- 管理力、i- 盈利力、d- 发展力。VPMsaid 7 个方面不同的组合样式，代表企业对应的模式形态。

（二）制表

根据本书设计的教学模板，制作"企业商业模式诊断表"（见表4-2）。

表4-2 企业商业模式诊断表（1 强→ 7 弱）

模式形态	评估企业	标杆企业	特征分析
1			
2			
3			
4			
5			
6			
7			
备注			

（三）知己

将VPMsaid 7个方面按照强弱进行排序，填写"企业商业模式诊断表"，得出企业自己（A）的商业模式形态，并可评估分析该企业实际商业模式竞争力（见表4-3）。

表4-3 A 企业商业模式形态（1 强→ 7 弱）

模式形态	评估企业	标杆企业	特征分析
1	d- 发展力		相对来说该企业研发能力强，有后劲，财务能力较强，产品弱，缺乏竞争力。
2	i- 盈利力		
3	a- 管理力		
4	s- 服务力		
5	M- 营销力		
6	P- 渠道力		
7	V- 产品力		
备注			

其商业模式形态在模式家转转上的表现如下（见图 4-6）。

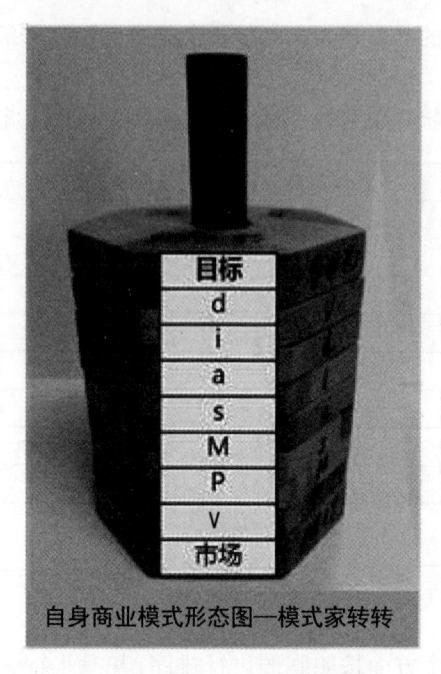

图 4-6 A 企业商业模式形态在模式家转转上的表现

三、看清行业标杆的商业模式形态是怎样的

知彼。将行业标杆企业（B）的 VPMsaid 7 个方面强弱形态，按顺序填入标杆企业商业模式形态诊断表，得出标杆企业的商业模式形态（见表 4-4）。

表 4-4 B 企业商业模式形态（1 强→ 7 弱）

模式形态	评估企业	标杆企业	特征分析
1		M- 营销力	相对来说标杆企业产品一般，但营销能力特别强，服务做得好，但财务状况不佳，发展创新落后。
2		s- 服务力	
3		V- 产品力	
4		P- 渠道力	
5		a- 管理力	
6		i- 盈利力	
7		d- 发展力	
备注			

其商业模式形态在模式家转转上的表现如下（见图4-7）。

图4-7 B企业商业模式形态在模式家转转上的表现

四、对照行业标杆企业找出与自己企业模式形态不同之处

对比。将评估企业A与标杆企业B的商业模式形态放在同一张表中（企业模式对照诊断表），逐条对照找出自身差距与不足（见表4-5）。

表4-5 A企业与B企业模式形态对照诊断表（1强→7弱）

模式形态	评估企业	标杆企业	特征分析
1	d-发展力	M-营销力	
2	i-盈利力	s-服务力	
3	a-管理力	V-产品力	自己企业当前产品差、营销与服务力薄弱，需要重点改善。
4	s-服务力	P-渠道力	
5	M-营销力	a-管理力	
6	P-渠道力	i-盈利力	
7	V-产品力	d-发展力	
备注	假定评估企业业务规模为行业第五位		

A 企业与 B 企业的模式形态在模式家转转上的对照直观图（见图 4-8）。

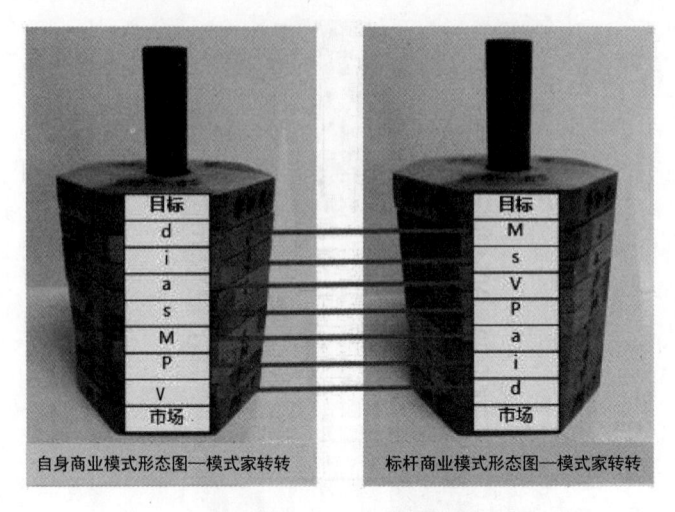

自身商业模式形态图—模式家转转　　标杆商业模式形态图—模式家转转

图 4-8　A 企业与 B 企业商业模式形态对标图示

五、对照行业标准校正自己企业的行业地位

校正。请注意，VPMsaid 7 个方面强弱形态是企业内部排序的结果，具有相对性，其强弱等级需要对照行业的客观标准。如表 4-5 中，A 企业排序第一的发展力，可能在行业排名中仅处于中等水平；而 B 企业排位最后的发展力，可能与 A 企业的发展力水平相差无几。这时就需要按照市场竞争力标准，重新制作填写企业模式强度对照诊断表，得出真实的结果与提示（见表 4-6）。

表 4-6 A 企业与 B 企业模式强度对照诊断表（1 强 → 7 弱）

模式强度	评估企业	标杆企业	特征分析
1		M- 营销力	自己企业在市场上产品差、营销与服务力薄弱，需要重点改善。标杆企业整体上处于市场领先地位，利润水平较低，研发创新能力薄弱。
2		s- 服务力 V- 产品力	
3	d- 发展力 i- 盈利力	P- 渠道力	
4	a- 管理力 s- 服务力	a- 管理力 i- 盈利力 d- 发展力	
5	M- 营销力 P- 渠道力 V- 产品力		
6			
7			
备注	假定评估企业业务规模为行业第五位		

A 企业与 B 企业模式强度在模式家转转上的对照直观图（见图 4-9）。

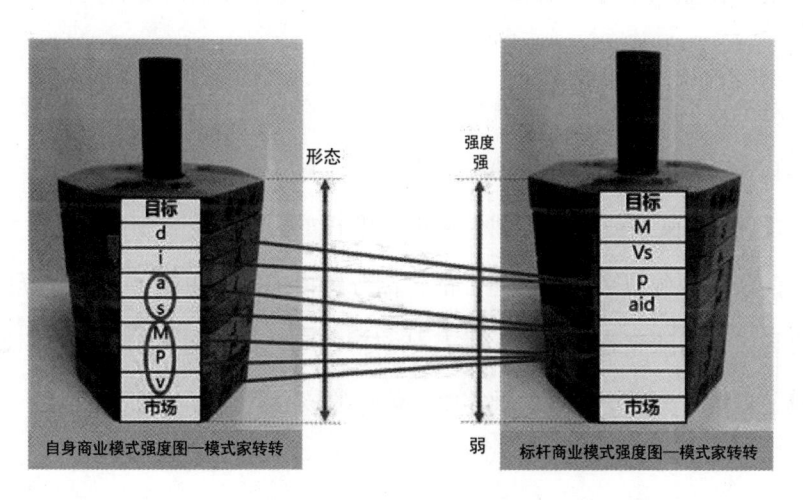

图 4-9 A 企业及 B 企业与行业整体模式强度对标图示

模式家转转是一个直观的商业模式评估工具，根据 VPMsaid 集合理论，可以清晰地看到企业自身的商业模式形态及各方面的强弱情况与缺陷不足，再对标行业先进企业，就可以制订企业长远战略并设计当前的商业模式了。

对策。 企业需要在VPMsaid方面重点打磨至少一个核心能力与优势，才能在市场上名列前茅。若要想在7个方面全部领先，则需要巨大的资源与长期的努力。一般企业达到2～3个领先优势，已经非常优秀了。任何企业都会有短板与不足，完美无缺的企业是不存在的。

另外，需要理解不同的模式表述之间的相互差异及其关联性。商业模式的表述，不同企业使用的术语不同，或相同术语表达的内容不尽相同。如产品流通过程中，像销售、推销、经销、代理、推广、促销、助销、分销、配送、营销、调拨等术语，本质都是在于实现产品价值，反映出企业对于产品的定义，以及对现代营销的认知和管理水平。各种表述既有差异，又相互关联，一般营销与销售是大部分企业使用的术语，营销关注企业整体的资源整合与全产品周期的经营，销售重点在于面对客户的选择与沟通。

对于大型集团企业，要能够根据市场环境和自身优势，科学梳理产品线，制定完善的营销策略与销售模式。

【例9】某企业医疗器械板块销售模式重新分类。在新医改中，由于推广两票制，传统医药商业企业的产品分销模式受到限制，该企业顺应政策引导，大力探索直销模式，尤其是创新供应链集成服务SPD模式，逐步形成了直销+分销+服务的批零服一体化的核心竞争力（见表4-7）。

表 4-7 医疗器械销售模式界定表

销售服务大类	大类说明	销售模式	细分说明	区别注释
直销	目标客户是医院	①代理直销	具备原厂或一级代理商给予的代理授权资质，并能提供终端临床服务的业务模式	①与②之间的区别在是否具备代理资质及提供临床服务；②与③之间的区别为②是上游发起，③是医院通过招标发起
		②委托配送	上游厂商委托公司进行配送的业务模式	
		③SPD业务	与医院签署集中配送协议或供应链服务合同的服务业务模式	
分销	目标客户是经销商（含体系内公司）	④代理分销	拥有代理权，并向渠道中经销商进行销售的业务模式	与直销的区别在于目标客户不同
		⑤体系内调拨	体系内调拨作为体系内公司之间业务调整项填报	

第三节　新竞争环境下的创新与竞争之道

本节提供企业模式创新突破竞争的可选路径。

一、不断完善、优化、升级商业模式，成为解决方案供应商

商业模式始终处于不断的调整与升级过程，从单纯提供产品向产品+服务模式转型。从初级产品到体验与服务，再到咨询与一体化解决方案的高级阶段（见表4-8）。

表4-8　产品与服务形态的类型与本质

经济提供物	对什么收费	经济类型	提供物的本质
增值服务	顾客所获得的成就（方案）	转型（咨询）	卓有成效
体验	与顾客相处的时间	体验	难忘的
服务	行为	服务	无形的
商品	有形产品	工业	有形的
产品	初级产品	农业	可互换的

二、打造渠道网络与平台型服务企业

平台经济就是单边市场+双边市场，在安全、高效、可视的业务平台上，

可以给客户带来共享与成功，如商业流通企业的供应链服务平台。

三、供应链延伸服务与业务外包模式创新

通过外包与众包，形成资源互补、功能互补、优势互补，具有核心竞争力的供应链服务联盟。

医药供应链延伸服务院内物流 SPD 模式，是英文单词 supply（供应）、processing（管理）、distribution（配送）三个英文单词首字母的缩写，它是现代医疗机构较为推崇的一种供应链管理模式，是一种以医院医用物资管理部门为主导、以物流信息技术手段为工具，通过合理使用社会资源，对全院的医用物资在院内的供应、加工、推送等院内物流的一种集中管理方法。SPD 模式可以使物流作业规范简化，在对管理人员素质要求降低的同时，提高作业效率，降低差错。

四、提供增值服务解决方案，增加客户黏性，开展其他业务的合作模式

通过提供信息系统解决方案、产品配送解决方案、安保监控解决方案等，获得企业内部管理系统的嵌入与融合，使其他企业的业务和系统难以进入，确保公司的产品增值和其他业务的植入。

五、优先选择快速合理的企业增长方式

企业增长的方式多种多样，主要分为内涵式与外延式两种增长方式。但要多加比较、认真分析，选择合适的增长方式组合。

六、注重要素资本的汇聚与优势再造

市场上离散着许多诸如专业人才和团队、优秀产品、专利技术、独有的技能、品牌、高门槛的准入资源、独具优势的人际关系等要素资源，企业家需要能够识别和发现这些要素，并通过有效激励的方式汇聚要素资源，

为我发展所用，这样不仅能迅速形成企业的竞争优势，同时也重构了企业的机制体系。

七、开展企业组织的科学再造

组织结构变革是企业商业模式实践的重要保障，组织架构的设计要考虑战略的统一化、组织的扁平化、分工的协同化、管理的垂直化、运营的一体化、信息的透明化、绩效的责任化，以确保总部高效决策、团队刚性执行、后勤保障给力。

八、提升模式家的领导力与卓越经营能力

领导力是模式家在高度信息化社会中的信息搜索能力（视野、维度、识别、聚焦、战略）、理解信息的能力（理解高度、知识结构、具象思维）以及行动的逻辑能力（因果模式、非对称模式、逆向行动模式）。

九、加强企业外部关系的优化与提升，建设生态体系

企业最重要的管理是企业外部关系，即供应商、客户、政府和各相关的利益关系人，他们存在着复杂的合作与博弈关系。管理者通过设计不同的服务体验（如感动、满意、容忍、愤怒）来优化与提升，有助于企业发展的正能量，放弃负能量，让企业的知名度不断提升，生态环境得以优化。

十、打造共赢的工商价值链、建立新型伙伴关系

从简单业务让利，到创新业务合作，再到长期战略伙伴关系，工商联盟是称霸市场的重要模式，即"产品＋渠道"模式（V+P）。

工商价值链协同的基本目标：

1. 愿意卖到愿意买、买得到；

2. 促销到促通；

3. 双赢到多赢；

4. 利益最大化到价值最大化；

5. 战术对接到战略合作；

6. 效率上从分工协作到资源的配置与使用。

十一、线上与线下融合的综合电子商务模式创新

通过仓库、门店与服务，打通 B2B、B2C、O2O、C2F 各种商业模式边界，全面融合线上与线下业务。

十二、政府合作项目机制创新

中国政府服务 13 亿多人口，政府决策与主导众多民生与国防项目，与政府开展合作，具有长远的社会效益和稳定的经济收益。

十三、医药流通行业转型创新路径选择

借助物联网，构建以用户体验为导向的供应链体系。通过产品集成、服务集成，完善以消费者为中心的全渠道架构。建立平台型、服务型大数据服务体系。跨界融合，各方参与，打造服务健康生态圈，提升价值。

第四节　其他商业模式理论智慧参考

在长期的商业模式创新探索中，人们积累了丰富的经验。以下简略介绍一些比较有价值的典型商业模式结构理论，供读者研究参考。

一、企业盈利模式设计 12 大步骤

人们总结了盈利模式设计的 12 个问题，解决了这些问题，也就基本解决了面临的主要问题（见图 4-10）。

（1）谁是我的客户？

（2）客户的偏好如何变化？

（3）谁应当是我的客户？

（4）如何为我的客户增加价值？

（5）如何让客户首先选择我？

（6）我的盈利模型是什么？

（7）我的企业设计是什么？

（8）谁是我的竞争对手？

（9）竞争对手的企业设计是什么？

（10）我的下一个企业设计是什么？

（11）我的战略控制手段是什么？

(12) 我目前及未来的企业价值是怎样的？

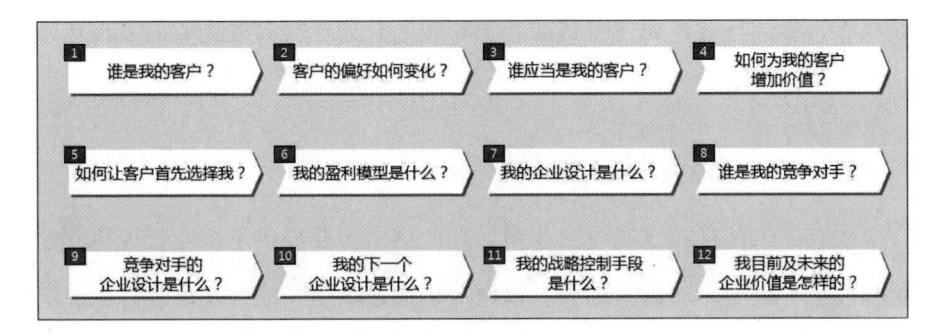

图 4-10 企业盈利模式设计 12 大步骤

二、《转型》一书所定义的商业模式

拉里·博西迪和拉姆·查兰著的《转型》一书中介绍了企业获取财富的各个组成部分，比如：利润率和现金流、与外部因素之间的相互关系；市场形态、竞争局面和行业趋势；企业的战略和组织能力等，是一种系统性的手段，用于细致分析这些相互的关系，同时检验假设情形并做出实事求是的决定（见图 4-11）。

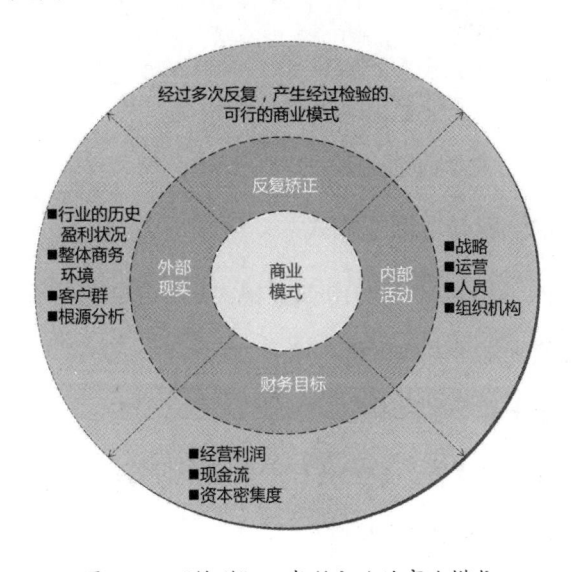

图 4-11 《转型》一书所定义的商业模式

其提倡的根源分析主要是指：你所认定的趋势或者问题背后的根源是什么？你的行业是如何赚钱或者不赚钱的？为什么有些企业的表现比较好？

三、魏—朱商业模式结构图

魏炜、朱武祥在《发现商业模式》一书中主要提供了企业管理模式的执行与运行机制、战略与绩效、定位与价值及组织、能力与价值各相关因素综合促进与影响的关系（见图4-12）。

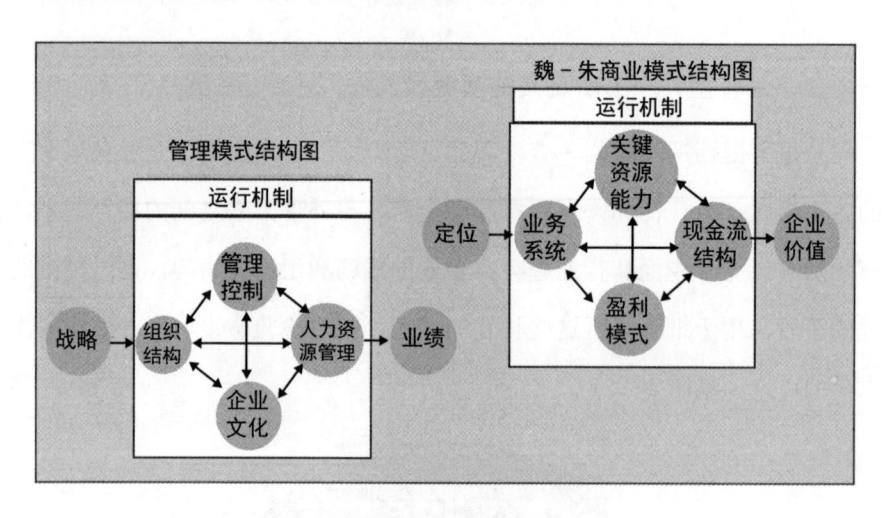

图 4-12 魏－朱商业模式结构图

四、孔翰宇—奥赫尔商业模式

德国孔翰宁、奥赫贝在《2010商业模式》一书中总结道（见图4-13）。

1. 公司价值来源于客户价值；
2. 客户价值来源于客户流程；
3. 企业要发展更多客户和为客户创造更多价值；
4. 要追求超越商品化的创新和个性化；

5. 对无声贸易（客户不会感觉到执行的过程）要敏感；

6. 战略导向管理；

7. 重新设计价值链；

8. 向弹性信息架构转型；

9. 加快转型速度；

10. 重视IT创造的价值。

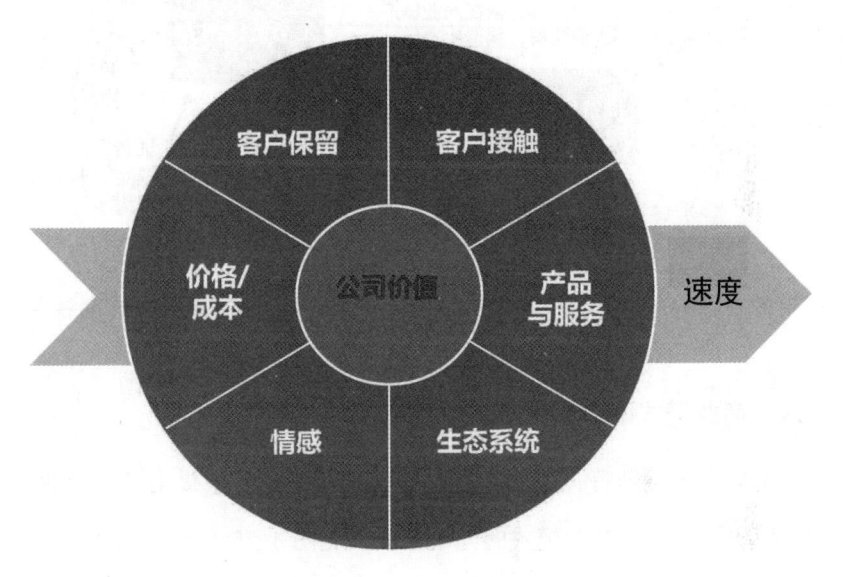

图 4-13 孔翰宁—奥赫贝商业模式图示

五、斯莱沃斯基商业模式

斯莱沃斯基在《发现利润区》一书中讨论了12家成功的著名企业及其领导者的利润策略，这些领导者曾为他们的股东创造出7000亿美元的市值。由于具有持续创造出色业绩的能力，这些公司可以超越经济周期和技术周期，使其总是处于利润区之内。作者用动态的观点探析利润模式，认为每家企业在其从小到大的发展过程中，各项因素总是不断变化，市场也在不断变化中，任何企业都无法固守旧有的赢利模式（见图4-14）。

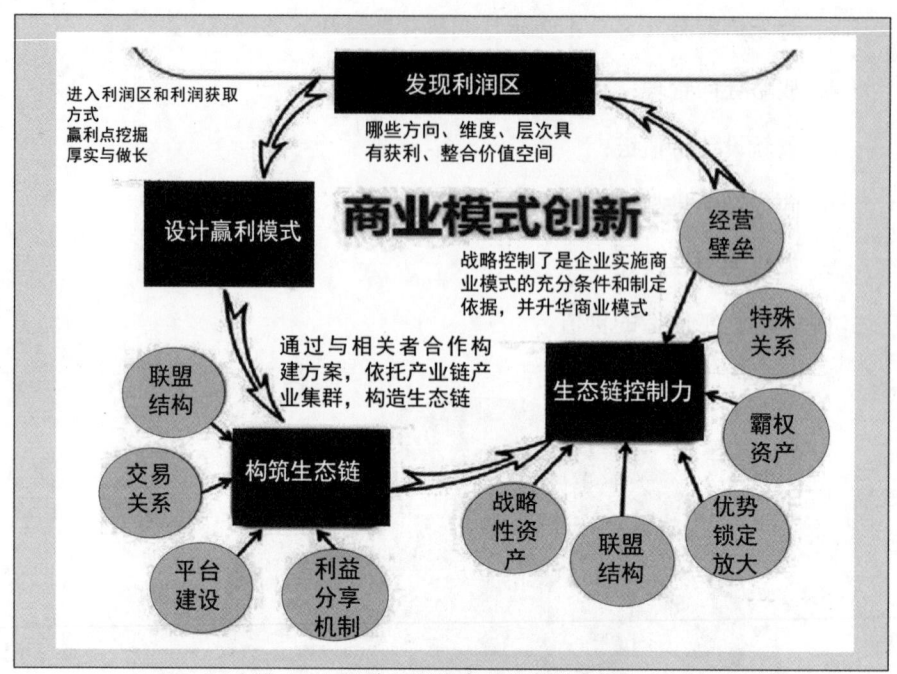

图 4-14 斯莱沃斯基商业模式创新图示

六、商业模式画布

亚历山大·奥斯特瓦德德在《商业模式新生代》中提出了"商业模式画布"概念,描述了商业模式的九大板块(见图 4-15 和图 4-16)。

1. 客户细分——你的目标用户群,一个或多个集合。

2. 价值主张——客户需要的产品或服务,商业上的痛点。

3. 分销渠道——你和客户如何产生联系,不管是你找到他们还是他们找到你,比如实体店、网店、中介。

4. 客户关系——客户接触到你的产品后,你们之间应建立怎样的关系,一锤子买卖抑或长期合作。

5. 收益来源——你将怎样从你提供的价值中取得收益。

6. 关键资源——为了提供并销售这些价值,你必须拥有的资源,如资金、技术、人才。

7. 关键业务——商业运作中必须要从事的具体业务。

8. 伙伴网络——哪些人或机构可以给予战略支持。

9. 成本结构——你需要在哪些项目上付出成本。

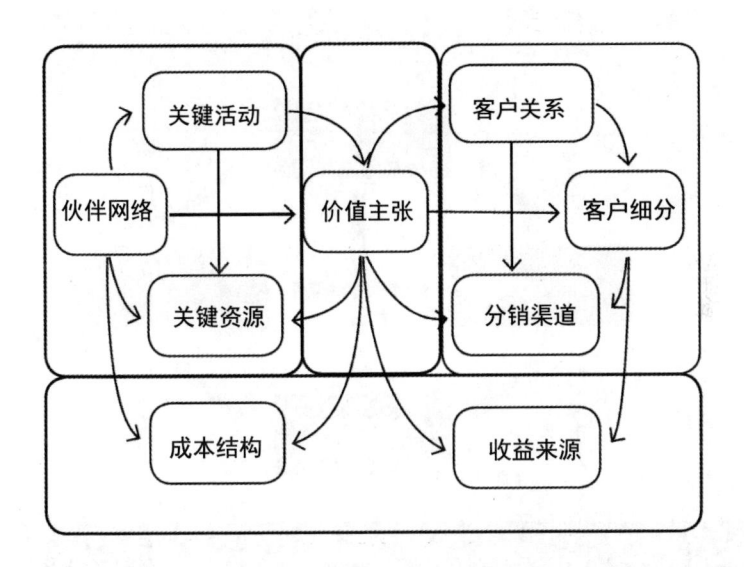

图 4-15 商业模式画布翻译图示

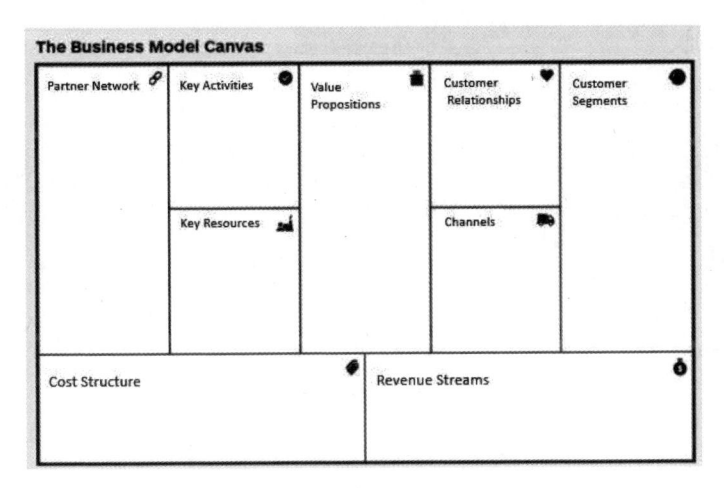

图 4-16 商业模式画布原图（DaSilva 和 Trkman）

七、新商业模式构建模型

大显营销机构提供了"新商业模式构建模型",其着力点在于重视品牌建设,通过产品力和视觉力助力商业模式成功(见图4-17)。

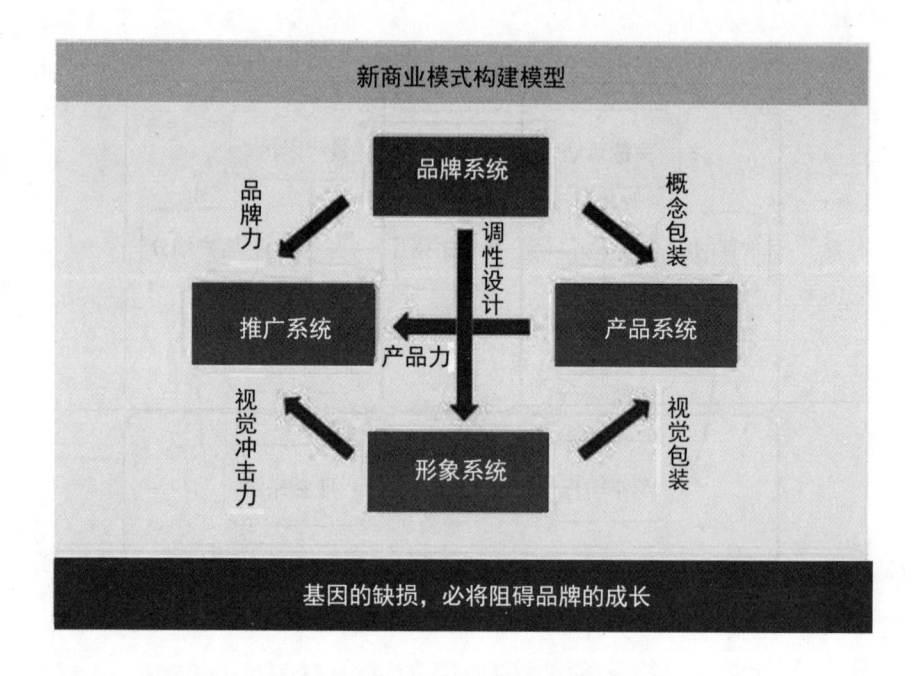

图 4-17 大显营销的新商业模式构建模型

第五节　模式家的信仰与追求

模式家是企业的主心骨，笔者把从事商业模式设计与商业模式运作的专门人才称作"模式家"。商业模式是 VPMsaid 集合 7 个方面的特别组合，每个企业都在推行自己所"相信"的商业模式。企业之间 VPMsaid 的强弱对比与发展趋势，决定了企业的市场地位与未来前景。

模式家的信仰就是企业信仰，模式家的文化决定了企业文化。模式家信仰的基础是价值观，模式家的追求决定了企业的高度与边界。

模式家的追求就是致力于实现企业使命！企业使命是企业存在的目的和理由，要明确企业的使命，确定企业必须承担的责任或义务。

20 世纪 20 年代，AT&T 的创始人提出"要让美国的每个家庭和每间办公室都安上电话"。80 年代，比尔·盖茨如法炮制："让美国的每个家庭和每间办公室桌上都有一台 PC。"到今天 AT&T 公司和微软公司都基本实现了它们的使命。

使命足以影响一个企业的成败。彼得·德鲁克基金会主席、著名领导力大师弗兰西斯女士认为：一个强有力的组织必须要靠使命驱动。企业的使命不仅回答企业是做什么的，更重要的是为什么做，是企业终极意义的目标。崇高、明确、富有感召力的使命不仅为企业指明了方向，而且使企业的每一位成员明确了工作的真正意义，激发出内心深处的动机。迪士尼"让世界更加欢乐"（make the world happy）的使命，令无数员工对企业、对顾客、对社会倾注了更多的热情和心血。阿里巴巴的使命是"让天下没有难做的生意"，结果自己的生意越做越容易。默克公司在《价值与理想》一书中明确，公司遵循下列准则：我们创造的是药，是为人生产的，是为患者健康而创造的，不是利润，利润是随之而来的。追求利润后面的本质、实际动力是做有意义的事业，默克公司致力于治病救人的事业，它长久地激励我们去创造伟大的业绩！

模式家为企业提供的价值是商业模式，其价值基础则是对社会的贡献、对客户的贡献。模式家的最高成就，不仅在于为企业赚了多少利润，还在于提升了多少企业价值，是否推进了人类商业文明的发展，这应该成为模式家的基本信仰与追求。

模式家要有前瞻性的战略眼光。5～10年后，医疗健保、自动驾驶汽车、教育、服务业都将面临被颠覆甚至淘汰的危机！20年内，70%～80%的工作会消失，即使有很多新的工作机会，也不足以弥补被智能机械所取代的原有工作。农业将由100美元的机械人进行耕作，发达国家的农夫将变成机械人的经理。另外，未来的手机会看出表情，知道说话的人是不是说"假话"，是否在骗人；数字时代的钱，是在智能电脑中的"数据"；最便宜的智能手机在非洲零售仅10美元，大部分老师会被智能电脑取代。未来可能濒临消失的职业：可能包括记者、银行柜员、司机、装配车间工人、有线电视安装人员、加油站管理和工作人员、经纪人、中介商、甚至职业模特。由于新兴美容业的发展，"超微科技"的运用使整容业更趋完美，已经有人在研发用电脑"勘测丈量"脸部细节，量身制作完美五官"零件"，以求产生"一劳永逸、完整美丽"效果的新技术，使漂亮的脸蛋与高挑的身材人人都可以拥有，职业模特将失去存在的意义。

模式家要有实干创新的创业勇气。不积跬步无以至千里，不经历风雨，怎能见彩虹？没有小家小业，不可能造就大家大业。无疑，任正非、马云、马化腾、张瑞敏们是大模式家，值得人们尊敬与学习。但他们毕竟是中国几千万企业中的极少数，由于环境与政策的变迁，对于绝大多数中小企业，他们的成功奋斗史和卓越模式难以模仿与复制。作为广大"无名"的模式家，要立足自身、立足企业、立足环境，以市场为导向，以VPMsaid模型为工具，踏踏实实制订可行的商业模式，不折不扣地推行商业模式，将企业内外部资源能力集中到商业模式的框架中，并在实践中不断完善和提升商业模式。

模式家要有模式策略，商业模式要有一定的壁垒。企业防火墙、护城河、烟幕弹都是商业模式壁垒。公司的分割结构相当于企业的防火墙，防火墙控制体系包括销售公司、投资公司、技术公司（防止被吃掉）等。产品、技术领先是护城河。企业的烟幕弹，就是隐藏公司的底牌，不让别人知道你是干什么的。

【例1】腾讯公司的壁垒

腾讯公司的防火墙：设立公司化的事业部制

腾讯公司的护城河：加强客户黏性，截至2016年底，微信全球共计拥有8.89亿／月活用户，1000万个公众号平台。

腾讯公司的烟幕弹：微信红包，红包本质上是社交，而不是金融，但红包通过社交，增加绑卡量和养成用户习惯，其终极目的是为金融铺路。

【例2】小米：防火墙是预约购买机制；护城河是超低成本，烟幕弹是手机营销，实际上是为了资金循环，获得现金流。

模式竞争的胜出，依赖的是模式的整体优势和比较优势，将企业的有限资源集中在模式成功的杠杆点，或集中在对手的薄弱之处，利用帕累托 80/20 法则和杠杆原理，四两拨千斤，犹如田忌赛马，事半功倍。

模式力量的增强，在于组织力量的叠加，根据幂次法则，大型组织需要每节车厢都有动力的动车模式，产生指数级的增长，而不是火车头式的拉动模式。

模式瓶颈的突破，要从不完美中寻求价值，力求 360 度全覆盖，寻找新蓝海，打造新业态，创造新价值。

主要参考文献

1. 阿尔·拉马丹等. 成为独角兽 [M]. 田新雅, 译. 北京: 中信出版社, 2017年.

2. 吕克·费希. 超人类革命 [M]. 周行, 译. 长沙: 科技出版社, 2017年.

3. 杰夫·萨瑟兰. 敏捷革命 [M]. 蒋宗强, 译. 北京: 中信出版社, 2017年.

4. 韦尔宗, 任正非. 商业的秘密 [M]. 北京: 民主与建设出版社, 2017年.

5. 孙立科, 任正非. 管理的真相 [M]. 杭州: 浙江人民出版社, 2017年.

6. 李彦宏等. 智能革命 [M]. 北京: 中信出版集团, 2017年.

7. 王瑞广. 颠覆性商业模式 [M]. 龙红名, 译: 北京: 人民邮电出版社, 2017年.

8. 卢克·多梅尔. 算法时代 [M]. 胡小锐, 译. 北京: 中信出版社, 2016年.

9. 威廉·穆贾雅. 商业区块链 [M]. 林华, 译. 北京: 中信出版社, 2016年.

10. 埃里克·施密特等. 重新定义公司 [M]. 靳婷婷, 译. 北京: 中信出版社, 2015年.

11. 彼得·德鲁克. 卓有成效的管理者 [M]. 徐是祥, 译. 北京: 机械工业出版社, 2013年.

12. 格雷戈里·伯恩斯. 艾客 [M]. 段然, 译. 北京: 中国人民大学出版社,

2012年.

13. 卢克·威廉姆斯. 颠覆性思维 [M]. 房小冉, 译. 北京: 人民邮电出版社, 2011年.

14. 杰夫·豪. 众包 [M]. 牛文静, 译. 北京: 中信出版社, 2011年.

15. 亚历山大·奥斯特瓦德等. 商业模式新生代 [M]. 王帅等, 译. 北京: 机械工业出版社, 2011年.

16. 吉姆·柯林斯. 再造卓越 [M]. 蒋旭峰, 译. 北京: 中信出版社, 2010年.

17. 魏炜, 朱武祥. 重构商业模式 [M]. 北京: 机械工业出版社, 2010年.

18. 克莱顿·克里斯坦森. 创新者的窘境 [M]. 胡建桥, 译. 北京: 中信出版社, 2010年.

19. 孔翰宁, 张维迎, 奥赫贝. 2010商业模式 [M]. 北京: 机械工业出版社, 2010年.

20. 魏炜, 朱武祥. 发现商业模式 [M]. 北京: 机械工业出版社, 2009年.

21. IBM中国商业价值研究院. 未来的企业 [M]. 北京: 东方出版社, 2009年.

22. 王建国. 1P理论 [M]. 北京: 北京大学出版社, 2007年.

23. 斯莱沃斯基等. 发现利润区 [M]. 凌晓东等, 译. 北京: 中信出版社, 2007年.

24. 拉里·博西迪, 拉姆·查兰. 转型 [M]. 北京: 中信出版社, 2005年.

25. 网络与企业公开资料.

后 记

伴随大众创新万众创业的时代大潮，中国正由制造大国迈向创新大国。中国的企业正在从弱小走向强大，从无序走向规范，从分散走向集中，从国内走向国际。新产品、新技术、新的商业模式不断涌现，而企业的竞争也愈加激烈，尤其在国际新规则的约束下，有些企业崛起更加困难了，有些企业必将败落。

2012—2017年，全国实有企业数量和注册资本（金）年平均增长率分别为16.7%和27.9%。尤其是2014年商事制度改革以来，同比增速迈上新台阶，企业数量每年以20%左右的速度增长。截至2017年9月底，全国实有企业总量共2907.23万户，注册资本（金）总额共274.31万亿元，较2012年9月底分别增长116.5%和242.3%。新设企业的高速增长使得我国千人企业量快速提升。根据2016年底人口数量13.83亿人计算，到2017年9月底我国每千人拥有企业数量为21.03户，相比2012年底的10.09户翻了一番。

我国中小企业约占企业总数的99%，贡献了中国60%的GDP、50%的税收和80%的城镇就业机会。中小企业资金筹集渠道狭窄，导致中小企业资金不足，缺乏发展动力；中小企业规模较小，存在产品质量和科技含量低的问题，造成其市场竞争力差，市场影响力小；中小企业收集分析市场信息的能力弱，对经济景气变动、金融环境及产业形势变化，无法及时判别，抗风险能力弱。

综观全球超过 200 年的企业，德国有 837 家，荷兰有 222 家，法国有 196 家，日本最多，有 3146 家，其中 7 家的历史竟然超过了 1000 年。而中国超过 150 年的老店仅有 5 家。

中国中小企业的平均寿命仅有 2.5 年，美国与日本则分别为 8.2 年、12.5 年。中国集团企业的平均寿命 7～8 年，与欧美平均 40 年相差甚远，日本大企业平均寿命达到 58 年。

每个企业都在自觉不自觉地遵循市场逻辑实践着自己的商业模式，好的模式一定是在实践中被挖掘和总结出来的，失败的教训也必须有人揭示出来，以帮助他人少走弯路。

本书名为《模式家》，从模式家的责任与职责，勾勒出模式家对企业发展的关键核心作用，在理论上厘清了商业模式与企业战略的本质联系和独特作用。企业战略是长远的模式，用来统一全员的思想；商业模式是当前的战略，用来统一全员的行动。模式家要有战略眼光，战略家要有模式技能。

本书对模式家提出了更高要求："模式家为企业提供的价值是商业模式，其价值基础则是对社会的贡献、对客户的贡献。模式家的最高成就，不仅在于为企业赚了多少利润，还在于提升了多少企业价值，是否推进了人类商业文明的发展，这应该成为模式家的基本信仰与追求。"

本书提出了"VPMsaid 模式环集合理论"，试图从"商业模式基本框架"这个角度，探索商业模式的成功路径，其原因在于市面上罕有这样的参考书籍与资料。VPMsaid集合或可称为VPMsaid模型、VPMsaid理论，是笔者对商业模式框架的概括与总结，有助于诸多企业家和企业管理者，更好地设计商业模式、运作商业模式，促进企业提升模式竞争力。

本书从商业模式演变的趋势、现代科技发展的方向、人类环境与需求的变化、企业成功与失败的案例等方面，多维度阐述了模式家成长与模式操盘的关键节点和要领。

VPMsaid模型与模式家转转教具的实操应用，体现在两个方面：一是企业评估；二是模式创新。企业评估包括内外部评价，内部评价在于了解企业在VPMsaid 7个方面的能力排序与模式力态势；外部评价在于了解企业与竞争对手在VPMsaid 7个方面的强弱对比，以及企业在行业中的竞争地位。

根据VPMsaid模型统计显示，企业在7个方面各种能力强弱对比的不同组合，可以演化出5040种基本的商业模式。本书总结了84种基本范式，每个方面12种范式，为企业提供了丰富的基本模式参考。而5040与84的排列与组合，则可以创新演化出无数种商业模式，为模式家提供了广阔的表演舞台。

当要结束写作的时候，由于笔者能力有限，仍然担心本书可能存在很大的不足与局限。首先，商业模式不是一个静止不变的模具，每个企业的模式都是在市场竞争的环境中发生和发展的。书中介绍的案例，可能不完全符合实际，可能已经过时，可能尚未完全反映出最新模式的精髓。其次，VPMsaid模型的7个方面，可能遗漏了某些必要因素。最后，部分案例来自网络与企业年报以及公开资料，有些企业愿意分享，有些可能希望隐秘，难以求全。

尽管如此，笔者对本书仍然抱有很大的信心，相信《模式家》能够为读者带来较大的收益，因为这是笔者多年商务实践的精华与总结，模式家理论与VPMsaid模型的创意是首创，作者的经历和经验为本书的创意和写作提供了专业保证和实践支撑。

我们两位作者具有多年的市场营销、战略规划、品牌建设、管理咨询等丰富经验，又共同经历了国药控股从2010年的692亿到2018年的3446亿的辉煌历程，共同参与了国药控股十二五、十三五发展规划的编制，共同体验了"整合、转型、创新""四新、智慧、生态"的伟大实践，并共同见证了国药集团从跨越千亿、双千亿、三千亿、跻身世界500强，到2018年跃居世界500强第194位的振奋人心的全过程。

《模式家》作为一本商业模式参考书，有些内容尚有待于大家的实践检验，时间会说明一切。

不识庐山真面目，只缘身在此山中。即使对于互联网这个非常普遍的事物，任正非与马化腾都有不同的见解，究竟谁拥有真理呢？对互联网或者当下时代的理解是什么，任正非说：不要为互联网成功冲动，我们也是互联网公司，是为互联网传递数据流量的管道做铁皮的……别光羡慕别人的风光，别那么为互联网冲动，有互联网冲动的员工，应该踏踏实实地用互联网的方式，优化内部供应交易的电子化，提高效率，及时、准确地运行，深刻地分析合同场景，降低损耗，这也是贡献，为什么不做好内互联网呢？反观马化腾，他说：我的感受是，移动互联网远远不止是一个延伸，这是一个颠覆，看过去的PC互联网都已经不太算互联网了，移动互联网才算得上是真正的互联网，甚至以后每个设备都能连上网络之后，人和设备之间，设备和设备之间一切都连起来，这还有更大的想象空间。

而李善友则认为：移动互联时代速度慢即死，华为正走向死亡。任总将互联网看作工具。而如果把互联网当作一种思考模式来看，思维的品质将上升到更高台阶。两人差异巨大。

其实，笔者认为简单类比真是犯了商业模式集合理论之大忌。一个是互联网基础设施公司，一个是互联网技术应用公司，其定位不同，方向不必一致。华为属归核化战略，腾讯是多元化战略，并不能证明熟优熟劣、谁是谁非。事实证明，华为在数据通信专业领域，全球领先地位越来越巩固，腾讯在社交、健康、金融等领域扩展迅速。条条大路通罗马，市场有限而机遇无限，商业模式成功在于错位竞争、创造需求。腾讯不可能成为华为，华为也没必要成为腾讯。

即使今天大为流行的电子商务，全国人大代表、马可波罗瓷砖董事长黄建平也发表微词，表示：实体经济不好搞，马云有"功劳"！他警告：在淘宝网店上，劣币驱逐良币现象已越来越严重。淘宝官方则发表声明称：淘宝网是百分之一百的实体经济，实体经济搞得好有我们的"功劳"。

任正非认为：企业之间的竞争，说穿了是管理竞争。华为留给公司的财富只有两样：一是管理架构、流程与IT支撑的管理体系，二是对人的管理和激励机制。华为相信，资金、技术、人才这些生产要素只有靠管理将其整合在一起，才能发挥出效应。

其实华为为企业和社会贡献了一整套完整的先进理念和商业模式，任先生所谓的管理与整合，正是模式家所需要身体力行的商业模式创新与管理！

企业管理的本质，乃是对商业模式的管理。作为企业的管理者，都应该是模式家，用商业模式之道，谋商业模式之势，为企业远大目标开辟道路！

世上无难事，成败模式间！

重要的不是获得知识而是发展思维能力！——劳厄。

努力 = 奴 + 力 + 力——努力就要像奴隶一样用力再用力！

成功 = 力 + 戈 + 工 + 力——成功必须要拿起武器（戈）、用力做工！

企业的武器（戈）就是商业模式，而制造武器与拿起武器用力做工的人就是模式家！

模式家是企业的栋梁，是商业模式设计与商业模式运作的专门人才，是企业的领袖、创始人、老板、管理者，或是一个致力于企业成功的商业模式团队！

模式遵循战略，目标才有路径；模式追求品牌，企业方能卓越；模式注重管理，企业就有效率；模式嵌入创新，企业必有未来！

本书的创作，也是我们自身学习提高的过程，希望大家都来争当"模式家"，为企业出力，为未来筑梦。

本书部分内容参考了网上公开的信息资料、公开出版的书籍、相关企业公开数据及既往工作中积累的材料，在此谨致感谢！

由于知识与实践的局限，难免出现错漏之处，恳望各位前辈大家与读者不吝赐教！